이회, 아버지 이순신과
전쟁터에 나가다

생생고전 01 **난중일기**

이회, 아버지 이순신과 전쟁터에 나가다 KBBY 추천, 한국학교사서협회 추천

펴낸날 초판 1쇄 발행 2023년 1월 20일 | 초판 2쇄 발행 2023년 12월 27일

글쓴이 설흔 | **그린이** 전명진
편집 박유경 | **디자인** 김윤희 | **홍보마케팅** 이귀애 송수현 | **관리** 최지은 이민종
펴낸이 최진 | **펴낸곳** 천개의바람 | **등록** 제406-2011-000013호
주소 서울시 영등포구 양평로 157, 1406호
전화 02-6953-5243(영업), 070-4837-0995(편집) | **팩스** 031-622-9413

ⓒ설흔·전명진, 2023 | ISBN 979-11-6573-378-0 73810

* 이 책은 저작권법에 따라 보호받는 저작물이므로 무단전재와 무단복제를 금지하며,
  이 책 내용의 전부 또는 일부를 이용하려면 반드시 저작권자와 천개의바람의 서면 동의를 받아야 합니다.
* 잘못 만든 책은 구입하신 서점에서 바꾸어 드립니다. 천개의바람은 환경을 위해 콩기름 잉크를 사용합니다.
* 종이에 베이거나 긁히지 않도록 조심하세요. 책 모서리가 날카로우니 던지거나 떨어뜨리지 마세요.

제조자 천개의바람 **제조국** 대한민국 **사용연령** 10세 이상

이회,
아버지 이순신과
전쟁터에 나가다

설흔 글 | 전명진 그림

천개의바람

차례

머리말 ········ 6

등장인물 소개 ········ 8

1장 **2506일, 전쟁 중 일기의 시작**

거북선을 만나다(1592년 4월 12일) ········ 12

전쟁 소식을 듣다(1592년 4월 19일) ········ 26

옥포에서 첫 승리를 거두다(1592년 5월 9일) ········ 39

부상을 당하다(1592년 6월 1일) ········ 52

한산도에서 엄청난 승리를 거두다(1592년 7월 13일) ········ 62

삼도 수군통제사가 되다(1593년 9월 1일) ········ 75

2장 전쟁의 끝을 바라며 남긴 기록

백의종군하다(1597년 4월 19일) ········ 90

원균, 대패하다(1597년 7월 18일) ········ 101

명량에서 대승하다(1597년 9월 17일) ········ 111

큰 슬픔이 닥치다(1597년 10월 20일) ········ 126

마지막 전투(1598년 11월 19일) ········ 135

다시 노량에서(1602년 1월 1일) ········ 143

머리말

우리는 이순신을 이름만으로 부르지 않습니다. 충무공 이순신 장군, 성웅 이순신 등 존경심이 가득 담긴 칭호를 붙여서 부릅니다. 충무공은 임금님이 내린 시호입니다. 성웅은 나라를 구한 성스러운 영웅이라는 뜻이지요. 장군에는 군인을 지휘하는 총사령관이라는 뜻이 들어 있습니다. 다 맞는 말입니다. 이순신 장군이 없었더라면 조선은 일본에 나라를 내주고 말았을 것입니다. 어쩌면 대한민국도 존재하지 않았을 수 있습니다. 후대 사람들이 이순신 장군을 '민족의 태양'이라고 부르는 것도 이해할 만합니다.

그러다 보니 우리는 이순신 장군을 우리와는 다른 종류의 사람이었다고 생각하게 됩니다. 그렇지 않습니다. 이순신 장군도 우리와 같은 인간이었습니다. 그 증거가 바로 『난중일기』입니다.

이순신 장군은 1592년부터 1598년까지 일기를 썼습니다. 임진왜란이 벌어진 시기와 일치합니다. 원래 제목이 없던 일기에 『난중일기』라는 제목이 붙은 이유입니다. 『난중일기』에는 전쟁에 대한 내용이 가장 많습니다. 장군이 직접 쓴 기록이기에 역사적 가치가 높습니다. 또 일기는 개인적 기록이기도 합니다. 이순신 장군은 자신이 느꼈던 감정을 솔직히 기록했습니다.

우리는 『난중일기』를 읽으면서 이순신 장군 또한 웃고 화내고 슬퍼하고 눈물 흘리는 한 사람의 인간이었다는 사실을 깨닫게 됩니다. 우리와 다를 바 없는 한 인간이 온갖 어려움과 두려움을 이겨내고 다시 전장으로 나가는 과정을 보며 커다란 감동을 느끼게 됩니다.

오늘날의 우리가 곧바로 『난중일기』를 생생하게 느낄 수 있다면 얼마나 좋을까요? 그러나 『난중일기』를 제대로 느끼려면 그 시대의 상황을 이해하는 과정이 필요합니다. 『난중일기』는 원래 한자로 쓰였고, 오늘날의 우리가 이해하기 어려운 한자 어구가 많습니다.

여러분이 『난중일기』를 쉽고 재미있게 만나도록 역사적 사실을 바탕으로 이회의 이야기를 꾸며보았으니 『난중일기』를 깊이 느껴보면 좋겠습니다.

— 설흔

등장인물 소개

이순신 조선 시대의 영웅이며 임진왜란 때 전투마다 승리를 거둔 최고의 장군입니다. 32살에 무과에 급제해 나랏일을 시작했어요. 전쟁이 일어날 것을 알고 미리 전함을 만들었습니다. 전쟁 중 일기인 『난중일기』를 남겼습니다.

이회 이순신 장군의 맏아들입니다. 의병 신분으로 아버지 곁에 머문 이회는 처음에는 공을 세우고 싶어 안달복달하지만, 전쟁을 통해 성숙해지고 아버지에 대해서도 더 많이 이해하게 됩니다. 마지막까지 아버지 곁을 지킨 사람이 바로 이회였습니다.

원균 임진왜란 당시 경상우수사를 지냈습니다. 이순신 장군을 시기했는데, 정작 능력은 부족해서 적과 싸워서 이긴 적이 별로 없습니다. 칠천량 해전에서 크게 패해 조선 수군을 위기에 빠뜨렸습니다. 이순신 장군은 『난중일기』 곳곳에서 원균을 미워하는 감정을 드러냈습니다.

정운 이순신 장군만큼이나 강직한 무장이었습니다. 전쟁이 벌어지면 늘 앞장서서 싸웠고, 언제나 이순신 장군을 따랐습니다. 부산포 해전에서 정운이 죽자 이순신 장군은 '지극히 슬프고 가슴이 아팠다'라고 썼습니다.

이원익 임진왜란 당시 총사령관 격인 도체찰사를 지냈습니다. 인품이 훌륭해서 많은 이들의 존경을 받았습니다. 이순신 장군이 옥에 갇혔을 때 무죄를 주장했던 사람이기도 합니다. 이원익은 백의종군 상태인 이순신 장군에게 나랏일을 의논하기도 했습니다.

유성룡 임진왜란 당시 조정을 이끌었던 재상입니다. 이순신 장군을 전라좌수사에 추천한 사람이 바로 유성룡입니다. 처음부터 끝까지 이순신 장군을 지지하고 믿어주었습니다. 이순신 장군은 『난중일기』 곳곳에 유성룡에 대한 감사와 걱정의 마음을 드러냈습니다.

아들 회의 일기

거북선을 만나다
(1592년 4월 12일)

　낮에 있었던 일을 생각하면 부끄러우면서도 웃음이 난다. 동헌 문을 열고 들어가는데 갑자기 쾅쾅, 하늘과 땅을 뒤흔드는 요란한 소리가 들렸다. 깜짝 놀랐다. 그 자리에 바싹 엎드렸다. 그 뒤로 동헌은 조용했다. 땅도 흔들리지 않았고 천둥소리도 들리지 않았다. 하하, 호탕한 웃음소리가 들렸다. 아버지였다. 이럴 때는 뻔뻔하게 행동하는 게 좋다. 나는 놀라지 않은 척 서둘러 일어났다. 아버지에게 다가가 문안 인사를 드렸다.
　"기체후 일향 만강하시옵니까?"
　"우리 맏아들 회가 돌아왔구나. 그래, 집에는 별일 없고?"
　"네, 어머니도 할머니도 다 잘 계십니다. 동생들도 공부를 열심히 합니다. 다들 아버지 걱정만 하고 있습······."

쾅쾅, 또다시 요란한 소리가 들렸다. 손으로 머리를 감싸려다가 아버지와 눈이 마주쳤다. 나는 씩 웃었다. 자세를 바로 하고 아버지에게 물었다.

"도대체 무슨 소리인가요?"

"대포 소리다."

"대포 소리가 이렇게 큽니까? 전에 듣던 것보다 몇 배는 큽니다."

"그래, 맞다. 하늘과 땅의 이름을 딴 천자포와 지자포다. 원래 쓰던 대포를 배에서 쓰기 좋게 손보았지."

나는 고개를 끄덕였다. 새로운 대포라니…. 오면서 계속 궁금했던 것을 물었다.

"전쟁이 일어난 것은 아니지요? 왜인들이 쳐들어온다는 소문이 무성합니다. 오면서 마주친 수군들의 표정이 다들 어둡더군요."

"전쟁은 아직 일어나지 않았다."

"괜찮겠지요?"

아버지는 내 질문에 대답하지 않았다. 아버지는 살짝 말을 돌렸다.

"내 곁에 있고 싶다고?"

"네, 힘이 되고 싶습니다! 아버지의 손과 발이 되어 민첩하게 움직이겠습니다!"

아버지는 잠깐 생각한 후 활과 화살을 내게 건넸다.

"그렇다면 네 실력부터 확인해야겠다. 회야, 자신 있느냐?"
"자신 있습니다."

큰 소리로 대답했다. 아버지가 활쏘기 실력을 제일 먼저 확인하리라는 건 이미 알고 있었다. 아버지는 활쏘기의 달인이니까. 활을 잘 쏴야 훌륭한 군인이라고 믿는 사람이니까. 오늘을 대비해 연습, 또 연습했다. 눈 감고 백발백중까지는 아니지만 웬만한 사람은 쉽게 이길 자신이 있었다.

우리는 뒷마당으로 갔다. 활을 잡자 아버지의 신호가 떨어졌다. 눈을 감았다가 떴다. 정신을 집중하고 화살을 쏘려는데 바람이 휙 불었다. 아뿔싸, 빗나갔다.

"바람이 너무 세게 붑니다."

아버지는 말없이 다시 신호를 보냈다. 집중하고 화살을 쏘려는데 또 쾅쾅 소리가 들렸다. 어깨가 흔들렸고 이번에도 빗나갔다.

"아이참, 대포 소리 때문입니다."

아버지는 다시 신호를 보냈고 나는 화살을 쏘았다. 명중! 나머지 일곱 발도 모두 명중이었다. 활을 놓으면서 아버지에게 자랑하듯 말했다.

"바람과 대포만 아니었으면 모두 다 잘 쏠 수 있었습니다."

아버지가 빙긋 웃고는 잠시 뜸을 들였다가 말했다.

"군인은 핑계 대지 않는 법이다."

얼굴이 붉어졌다. 맞는 말이었다. 아버지처럼 훌륭한 군인이 되는 것이 내 꿈이다. 적과 싸우게 되면 미처 생각지 못했던 온갖 일이 다 생길 것이다. 그럴 때마다 이 핑계, 저 핑계를 대면 이길 수가 없을 것이다. 나는 아버지의 말을 가슴에 새겼다. 그리고 아까부터 궁금하던 것을 물었다.

"그런데 저 대포 소리는 도대체 어디에서 나는 겁니까?"

아버지는 나를 보며 고개만 끄덕였다. 성큼성큼 걸어 관아 밖으로 나갔다. 궁금하면 따라오라는 뜻이었다. 아버지는 걸음이 빨랐다. 나는 잰걸음으로 아버지의 뒤를 따랐다.

관아 주변을 지키던 수군들이 자세를 바로 했다. 아버지는 관아 주변을 살폈다. 아버지의 눈초리가 매서웠다. 나조차도 긴장이 될 정도였다. 문제가 될 만한 것은 없었나 보다. 아버지는 고개를 끄덕이고는 다시 걷기 시작했다. 아버지는 자주 걸음을 멈추었다.

성벽을 보수하는 곳에서는 목소리를 높였다. 수군들이 느릿느릿 일하는 모습을 보았기 때문이다. 아버지는 무섭게 다그쳤다. 수군들이 벌벌 떠는 게 보일 정도였다. 도랑을 파는 곳에서도 비슷한 일이 벌어졌다. 아버지는 방법이 잘못되었다면서 수군들에게 도랑을 파는 시범을 보였다. 아버지는 수군들이 도랑을 파는 것을 한참 동안 지켜본 후에야 자리를 떠났다.

아버지는 무서운 사람은 아니었다. 가족에게는 특히 따뜻했다. 하지만 군인으로서의 아버지는 달랐다. 아버지는 실수와 게으름을 용납하지 않았다. 그럴 수밖에 없었다. 이곳에서는 나 이회의 아버지가 아니라 전라좌수사 이순신이다. 수많은 수군의 목숨을 책임진 장군이다. 이 나라 바다를 지키는 사람이다. 아버지의 어깨에는 책임감이라는 무거운 짐이 걸려 있는 셈이다.

조금 더 걸어가자 바다가 나타났다. 스무 척이 넘는 커다란 배가 제일 먼저 보였다. 말로만 들었던 조선 수군의 배 판옥선이었다.

"와, 생각했던 것보다 훨씬 큽니다."

아버지가 내게 물었다.

"판옥선이 왜인들의 배보다 나은 점이 무엇인지 아느냐?"

아하, 예상했던 질문이었다. 나는 자신 있게 대답했다.

"판옥선은 왜인들의 배보다 크고 튼튼합니다. 바닥이 평평하기 때문에 움직이기도 쉽습니다."

아버지는 고개를 끄덕였다. 내가 물었다.

"아까 들었던 대포 소리는 판옥선에서 난 것인가요?"

아버지는 고개를 저었다. 그럼? 머리가 복잡해졌다. 조선 수군이 자랑하는 판옥선이 아니라면 또 다른 무기가 있다는 걸까?

아버지는 계속 걸어갔고 나는 궁금증을 가득 안은 채 뒤를 따라갔다. 돌담을 둥글게 쌓은 비밀 기지 같은 장소가 나타났다. 그리고 나는, 너무 놀라서 입을 다물 수가 없었다. 내 눈앞에 괴물이 있었다. 괴물의 입에서는 요란한 소리와 함께 불꽃이 나왔다. 어안이 벙벙해져서 외쳤다.

"웬 괴물입니까?"

아버지가 웃으며 말했다.

"거북선이다."

거북선? 거북을 닮은 배란 말인가? 나는 눈을 크게 뜨고 거북선을 자세히 보았다. 과연 거북을 닮았다. 등판이 특히 비슷했다. 전체적인 크기와 모양은 판옥선과 비슷했다. 다른 점은 크게 두 가지였다. 배 앞부분에 용머리가 달려 있었고, 등에는 커다란 쇠못이 가득했다. 아버지가 말했다.

"대포는 용머리 속에 설치해 놓았단다. 수군들이 안에서 쏘는 것이지."

"쇠못을 설치해서 적들이 배로 기어오르지 못하게 한 것이로군요."

 아버지가 손을 들어 잠깐 멈추라는 신호를 보냈다. 거북선 안의 수군들이 쉬는 사이 나는 감탄하면서 거북선의 주위를 살폈다. 여러 가지 무기들이 새롭게 눈에 띄었다. 적의 배를 잡아끄는 장치인 사조구도 있었고, 전함으로 기어오르는 적들을 베는 무기인 장병검도 있었다. 나는 벌린 입을 다물 수가 없었다.

 "이런 배는 처음 봅니다. 우아, 천하무적이네요. 아버지가 만든 배인가요?"

 아버지가 고개를 저었다. 아버지가 천천히 설명했다.

 "태종 임금님 시절에도 이미 있었단다. 하지만 그 이후에는 전혀 사용되지 않았지. 옛날 자료들을 뒤지다가 거북선을 알게 되었다. 판옥선도 좋지만, 제일 먼저 다가가서 적진을 무너뜨리는 역할을 하는 배가 있으면 좋겠다고 생각했다. 그래서 만들기 시작했지."

 "그러니까 아버지가 만든 거네요."

 "옛 자료들을 참조해서 새롭게 고친 것이다."

 아버지는 겸손하게 말했다. 하지만 나는 아버지를 잘 안다. 아버지의 표정에는 자부심이 가득했다. 아버지에게 물었다.

 "그렇게 좋은 배라면 좀 더 많이 만들어야 하지 않나요? 하나, 둘, 셋…. 딱 세 척이네요."

"거북선은 거북선의 역할이 있고, 판옥선은 판옥선의 역할이 있단다. 거북선이 앞서서 적진을 무너뜨리면 뒤따르던 판옥선들이 공격을 퍼붓는 것이지. 거북선은 다 좋은데 활을 쏘기에는 불편하거든. 만드는 데 비용도 많이 들고."

아버지의 말에 감탄했다. 아버지는 전쟁을 머릿속으로 그리며 꼼꼼하게 준비하고 있었다. 나는 조심스럽게 다시 물었다.

"아버지, 사실대로 이야기해 주세요. 왜인들이 소문대로 쳐들어올까요?"

아버지는 입술을 깨물었다. 한참 후에야 입을 열어 대답했다.

"그건 모르는 일이다. 다만 하나는 확실하다. 전쟁은 일어나지 않는 게 좋다. 이기든 지든 백성들이 가장 큰 피해를 입을 테니까. 그러나 나는 이 나라의 군인이기도 하다. 당장 내일 적이 쳐들어와도 막겠다는 마음으로 철저하게 준비해야 하는 사람이다."

아버지가 나를 옆으로 부른 후 손을 번쩍 들고 흔들었다. 거북선의 입에서 불꽃이 튀면서 쾅쾅 소리가 났다. 지금까지 들었던 대포 소리 중 가장 컸다. 정체를 알고 나니 무섭지 않았다. 바다 괴물을 닮은 거북선이 전쟁터를 누비는 모습을 상상하니 가슴이 뛰었다.

아, 아버지 말대로 전쟁이 일어나지 않으면 좋겠다. 전쟁보다는 평화가 우선이다. 그렇지만 전쟁이 일어나면 반드시 이겨야 한다.

그래야 우리 조선의 백성들이 다치거나 죽지 않을 테니까. 아산에 있는 우리 가족도 그래야 안전할 테고.

  바다에 와서 보니 실감이 났다. 아버지가 있는 이곳은 왜인들을 막아야 할 사명을 띤 장소였다. 나도 모르게 주먹을 꽉 쥐었다. 걱정은 되지 않았다. 아버지가 있고 수군이 있고 거북선이 있는 한 조선의 바다는 안전할 것이라고 믿었다. 그리고 그 곁에는 항상 나 이회가 있을 것이다.

  밤이 깊었다. 정말 긴 하루였다. 하품이 계속 난다. 이제 잠자리에 들어야겠다.

이순신의 『난중일기』

1592년 1월 1일 (『난중일기』가 처음 시작된 날)
맑았다. 새벽에 동생 여필과 조카 봉, 아들 회가 와서 이야기했다. 어머님과 먼 남쪽에서 두 번이나 설을 지내니 가슴에 맺힌 슬픔이 풀리지 않았다. 병사의 군관 이경신이 왔다. 병사의 편지와 설 지낼 선물, 화살 등 여러 물건을 가져와 바쳤다.

1592년 2월 1일
새벽에 망궐례(각 지방의 관원이 임금을 상징하는 나무 패에 절하던 의식)를 드렸다. 안개비가 잠깐 내리다가 늦게 갰다. 배를 매어두는 곳으로 나가 쓸 만한 나무 판자를 가려냈다. 때마침 수장에 물고기 떼가 구름처럼 모였다. 그물을 쳐 2천여 마리를 잡았다. 장관이었다. 그대로 전선(전쟁에 쓰는 배)에 앉아 이몽구와 술을 마시며 새봄의 경치를 구경했다.

1592년 2월 8일
맑았으나 또 바람이 세게 불었다. 동헌으로 나가 공무를 보았다. 거북선에 쓸 돛베 29필을 받았다. 정오(낮 12시)에 활을 쏘았다. 조이립과 변존서가 겨루었다. 조이립이 이기지 못했다. 이몽구가 방답에서 돌아

와 방답 첨사가 정성을 다해 방어를 준비하는 일을 칭찬했다. 동헌 마당에 등불을 걸 수 있는 돌기둥을 세웠다.

1592년 3월 27일
맑았고 바람이 없었다. 아침을 일찍 먹고 배를 타 소포에 갔다. 쇠사슬을 가로질러 설치하는 것을 지켜보았다. 종일 나무 기둥 세우는 것을 살폈다. 그리고 거북선에서 대포 쏘는 것을 시험해 보았다.

1592년 4월 12일
맑았다. 식사를 하고 배를 탔다. 거북선에서 지자포와 현자포를 쏘아 보았다. 순찰사 이광의 군관 남공이 살펴보고 갔다. 정오에 동헌으로 갔다. 훈련용 화살 10순을 쏘았다. 관아에 오를 때 노둣돌(말에 오르거나 내릴 때에 발돋움하기 위하여 대문 앞에 놓은 큰 돌)을 보았다.

『난중일기』 깊이 보기
『난중일기』는 1592년 1월 1일부터 기록되었어요. 일기를 쓴 지 3개월 정도 지난 1592년 4월 13일에 임진왜란이 일어났어요. 일본군 1만 8000명이 700여 척의 배를 이끌고 오후 4시 무렵 부산 앞바다에 도착했지요. 거북선은 일본군이 쳐들어오기 하루 전인 4월 12일에 실전 배치를 위한 시험을 마쳤어요. 4월 12일의 일기는 거북선의 활약을 예고하는 듯해요.

아들 회의 일기

전쟁 소식을 듣다
(1592년 4월 19일)

　전쟁이, 전쟁이…, 일어났다. 처음에는 두렵고 무서워서 죽는 줄 알았다. 방 안으로 뛰어들어 가 이불을 덮고 숨고 싶었다. 일기니까, 나한테는 솔직해야 하니까 말하는 거다. 물론 겉으로는 아무렇지 않은 척했지만 시시각각 들려오는 소식은 더 무섭고 흉흉했다. 부산은 이미 함락되었고, 서울이 공격을 받는 건 시간문제이며, 이곳 전라도도 안전하지 않다는 말이 떠돌았다. 떠도는 말이 하도 많아서 어느 것이 사실이고 어느 것이 소문인지 구별하기 어려웠다. 마음을 못 잡는 나를 정신 차리게 만든 사람이 바로 아버지였다. 아버지의 한마디가 나를 붙잡아 주었다. 아, 아버지는 늘 한결같았다. 유일하게 흔들리지 않는 사람이 바로 아버지였다. 아버지 덕분에 찾은 정신으로 요 며칠 동안 있었던 일을 차근히

써보려 한다.

　며칠 전인 4월 14일, 아버지의 방으로 가서 말했다. 거절하기 어렵게 천천히 또박또박 말했다.
　"저도 배를 타고 싶습니다. 아버지 곁을 지키고 싶습니다."
　아버지도 내가 온 이유를 알고 있었다. 기다리고 또 기다려도 아버지가 별다른 말을 하지 않았기에 확실히 해 두고 싶었다. 아버지는 한참 동안 아무 말도 하지 않다가 나지막한 목소리로 입을 열었다.
　"같이 활을 쏘자."
　결과만 말한다. 나는 아버지의 상대가 되지 않았다. 처음 한두 발을 쏘았을 때는 별 차이가 없었다. 열 발, 스무 발이 넘어가자 달라졌다. 나는 지쳐갔다. 아버지는 달랐다. 처음 한 발이나 마지막 오십 번째 화살이나 다를 게 없었다. 떨리는 팔을 잡고 마지막 오십 번째 화살을 간신히 쏜 나는 반성했다. 수군이 되려면 체력부터 길러야 한다는 것을 뼈저리게 느꼈다. 나는 마음만 앞섰다. 다행히 아버지는 내게 아무 말도 하지 않았다. 스스로 깨닫기를 바라는 마음일 것이다.
　활쏘기를 마쳤을 때 군관이 급히 다가왔다. 아버지에게 편지를 두 통 건넸다. 봉투를 보니 얼핏 경상우수사 원균의 이름이 보였

다. 편지를 보는 아버지의 표정이 어두워졌다. 아버지는 고개만 끄덕이곤 군관을 돌려보냈다. 아버지에게 물었다.

"좋지 않은 일이라도 일어났습니까?"

아버지는 대답하지 않았다. 성큼성큼 앞서 걸어갔다. 나는 아버지의 뒤를 따랐다.

아버지는 관아를 나와 바닷가로 향했다. 판옥선과 거북선을 점검하러 간다고 생각했다. 혹은 수군들이 배들을 제대로 지키고 있는지 살피러 간다고 생각했다. 아니었다. 아버지는 바닷가 마을로 갔다. 어둑한 저녁, 배를 고치거나 고기잡이 도구를 점검하던 어부들이 반갑게 인사했다. 아버지를 두려워하던 수군들과는 딴판이었다. 아버지의 모습도 좀 달랐다. 수군들 앞에서는 엄격했는데 어부들 앞에서는 마치 오랜 친구를 대하는 것처럼 따뜻했다. 아버지는 고기잡이의 요령을 설명하는 어느 어부의 말을 귀담아들었다. 어부가 말했다.

"고기는 그물로 잡는 게 아니라 머리로 잡는 것이지요. 눈에 보이지 않는 바닷속 암초와 물살의 세기까지 모두 생각해야 한답니다."

아버지는 어느 곳에 암초가 있는지, 물살은 어디가 세고 약한지를 물었고 어부는 손으로 바다를 가리키며 자세히 대답해 주었다. 처음에 나는 아버지가 고기잡이에 관심이 있다고 여겼다. 그런데 장군인 아버지가 고기를 잡을 시간이 있나? 생각하다 그제야 깨달았다. 아버지는 전쟁에 대비해 바다의 지형을 알고 싶었던 것이다. 어부들보다 바다를 잘 아는 사람은 없었다. 아버지가 어부들과 친하게 지내는 이유였다. 나는 아버지의 꼼꼼함과 치밀함에 속으로 감탄했다. 아버지는 자나 깨나 수군 생각뿐이었다.

밤이 되자 아버지가 내 방으로 찾아왔다. 아버지는 집안일에 대해 자세히 물었고, 나는 내가 아는 만큼 대답했다. 긴 이야기 끝에 아버지는 혼잣말처럼 말했다.
"집으로 보낸 물건들이 잘 도착했는지 모르겠다."
아버지는 며칠 전 삼촌을 통해 쌀과 반찬, 옷감 등을 집으로 보냈다.
"걱정하지 마세요. 늘 그랬듯 잘 도착했겠지요."
내 말을 들은 아버지가 고개를 끄덕였다. 아무리 봐도 아버지의 표정이 어딘가 모르게 어두웠다. 물건의 도착 여부가 궁금해 나를 찾아온 게 아닌 것 같았다. 아버지에게 물었다.
"무슨 걱정거리라도 있으십니까?"
아버지는 말없이 고개를 저었다. 군관이 왔던 것이 생각났다. 편지를 보는 아버지의 표정이 좋지 않았던 것을 떠올렸다. 아버지가 아직 대답하지 않았다는 것도 떠올렸다.
"혹시 왜인들이 쳐들어온 건 아닙니까?"

아버지는 고개를 젓지도 끄덕이지도 않았다. 그저 이렇게 말했을 뿐이다.

"밤이 깊었다. 이제 잠자리에 들어라."

나는 아버지의 방으로 가서 이부자리를 깔았다. 문안 인사를 드린 후 다시 방으로 돌아왔다. 이불을 깔고 누웠다. 잠이 오지 않았다. 아버지는 아무 말 하지 않았지만 무슨 일이 있는 것이 틀림없었다. 이리저리 뒤척이다가 잠들었다. 거북선이 용처럼 포효하는 꿈을 꾸었다.

무슨 일이 있을 것 같다는 내 예감은 적중했다(안타깝게도 나는 나쁜 일만 잘 맞춘다). 다음 날인 15일은 나라의 제삿날이어서 출근하지 않는 날이었는데 아버지는 무척 바빴다. 아버지는 편지를 몇 통인가 연속으로 썼다. 편지를 전할 군관들이 수시로 아버지 방을 드나들었다. 당장이라도 아버지 방으로 가서 묻고 싶었다. 나는 꾹 참았다. 때가 되면 아버지가 알려줄 것이다. 아버지는 할 말은 꼭 했다. 내 질문에도 늘 대답했다. 해 질 무렵 아버지가 나를 불렀다. 아버지가 천천히 말했다.

"왜선 350여 척이 부산포 건너편에 도착했다는구나."

깜짝 놀라서 물었다.

"그럼 전쟁이 시작된 건가요?"

"아직은 잘 모르겠구나."

묻고 싶은 것이 많았다. 하지만 아버지를 붙잡고 있어서는 안 되었다. 여러 군관이 아버지를 기다리고 있기 때문이었다. 아버지는 잠깐 짬을 내 내게 소식을 알려준 것이다. 아버지는 내 손을 꼭 잡았다. 나는 아버지에게 정중하게 고개를 숙인 뒤 방을 나왔다.

16일, 더 무서운 소식이 전해졌다. 아침이 밝자마자 공문이 도착했다. 밤사이 왜인들 배의 수는 350척에서 400척으로 늘어나 있었다. 그리고 밤 10시, 원균이 보낸 공문에는 읽기에도 무서운 소식이 적혀 있었다. 왜인들이 부산을 점령했다는 소식이었다. 부산을 공격한 것으로도 모자라 동래로 향하고 있다고도 했다. 아버지는 긴 한숨을 쉬었다. 전쟁이라니, 눈물이 나려고 했다. 따지고도 싶었다. 부산에는 군인들이 없었나? 왜 그리 쉽게 왜인들에게 패했을까?

나는 눈물을 꾹 참았다. 아버지의 마음은 나보다 몇 배 더 아플 것이다. 하고 싶은 말, 따지고 싶은 말도 나와는 비교가 안 되게 많을 것이다. 나는 주먹을 꽉 쥐고 아버지에게 말했다.

"우리에게는 아버지와 거북선이 있습니다. 그리고 저도 있고요. 왜인들이 오더라도 우리가 분명히 이길 것입니다."

나도 모르게 목소리에 힘이 많이 들어갔다. 자신감 넘치는 내 말에 아버지는 잠깐 웃었다.

며칠 동안 전쟁 소식은 쉴 틈 없이 계속 몰려왔다. 왜인들의 기세는 무서웠다. 왜인들은 부산을 점령하고, 동래를 점령하고, 양산과 울산까지 점령했다. 아버지는 좌수영 휘하의 장군들을 불러들였다. 그런데 순천을 맡은 장군이 오지 않았다. 전쟁을 무서워하는 것은 나뿐만이 아니었나 보다. 아버지는 엄격한 조치를 취했다. 군인들을 보내 그 장군을 잡아다가 가두었다. 아버지는 장군들을 모아놓고 말했다.

"걱정하거나 두려워하지 마라. 우리는 우리의 일을 하면 된다."

아버지는 말로만 끝내지 않았다. 오늘 아침 아버지는 일찌감치 장군들을 다시 소집했다. 한 명, 한 명을 불러서 할 일을 꼼꼼하게 알려주었다. 그 모습을 지켜보던 나는 속으로 감탄했다.

'아버지도 사람이니 전쟁이 무섭고 두려울 것이다. 하지만 아버지는 아무 일도 없는 것처럼 평소 그대로 행동하고 있다!'

아버지가 침착하게 행동하자 장군들도 차분해졌다. 웅성거리던 수군들도 말없이 명령을 따랐다. 문득 아버지가 내게 물었다.

"전라좌수영 휘하에 몇 척의 판옥선이 있는지 아느냐?"

나는 조금 생각하다가 대답했다.

"적어도 100척은 되지 않겠습니까?"

아버지가 잠깐 뜸을 들이다가 말했다.

"24척이다."

나는 내 귀를 의심했다. 왜선의 숫자는 부산포 앞바다에만 400척인데 전라좌수영에 있는 판옥선은 적선의 십 분의 일도 되지 않았다. 아버지가 말했다.

"조선 수군의 배를 다 합쳐도 400척이 되지 않는다."

나는 마음이 불안해졌다. 조심스럽게 물었다.

"그러면 우리가 불리한 것 아닙니까? 아, 무섭고 걱정이 됩니다."

아버지는 잠깐 생각하다가 말했다.

"전쟁은 숫자만으로 승패가 갈리지 않는다. 전쟁에 임하는 마음가짐, 준비 상태 등이 더 중요하다. 단단한 마음으로 제대로 준비하면 24척으로 240척을 이길 수도 있다. 회야, 무서우냐?"

"솔직히 무섭습니다. 아버지는 무섭지 않습니까?"

"나 역시 두렵다. 하지만 몇 달 전엔 지금보다 훨씬 더 두려웠다. 충분히 준비하지 못하는 게 내겐 제일 두려운 일이니까. 회야, 우린 준비를 마쳤다. 그러니 지금은 무서워할 때가 아니라 싸워서 이길 때다."

나는 아버지의 말을 곰곰 생각했다. 곱씹을수록 의미가 남다른 말이었다. 그때까지 남아 있던 걱정과 염려가 순식간에 사라지는 느낌이었다. 아, 아버지! 내 아버지이지만 존경스럽다. 나는 앞서 걷는 아버지의 등을 향해 고개를 숙였다.

이순신의 『난중일기』

1592년 4월 15일

맑았다. 나라 제삿날이라 출근하여 일하지 않았다. 순찰사에게 보낼 답장과 따로 첨부한 글을 써서 곧바로 편지를 보내게 시켰다. 해 질 무렵 경상우수사(원균)가 공문을 보냈다. 왜선 90여 척이 와서 부산 앞 절영도에 정박했다고 하였다. 경상좌수사의 공문도 왔는데 왜선 350여 척이 벌써 부산포 건너편에 도착했다고 하였다. 곧바로 임금님께 올리는 장계를 써서 보냈다. 더불어 순찰사와 병사, 우수사에게도 공문을 보냈다. 영남관찰사의 공문도 도착했는데 역시 이와 같은 내용이었다.

1592년 4월 16일

밤 10시경 경상우수사(원균)의 공문이 왔는데 부산과 같은 큰 진이 벌써 함락되었다고 하였다. 분한 마음을 이길 길이 없었다. 곧바로 임금님께 올리는 장계를 써서 보냈다. 또한 삼도(경상, 전라, 충청)에 공문을 보냈다.

1592년 4월 18일

아침에 흐렸다. 이른 아침에 동헌으로 나가 공무를 봤다. 순찰사의 공

문이 도착했다. 발포 권관을 파면했으니 대리할 사람을 보내라고 하였다. 나대용을 그날로 정해 보냈다. 오후 2시경 경상우수사(원균)의 공문이 왔는데 동래가 함락되었고 양산과 울산의 두 수령이 동래성에 들어갔다가 패배했다고 하였다. 울분이 치미는 것을 이루 다 말할 수 없다. 또 경상좌병사와 경상좌수사가 군사를 이끌고 동래 뒤쪽까지 갔다가 군사를 되돌렸다고 하였다. 더욱 마음이 아프다. 저녁에 순천의 군사를 이끄는 아전이 석보창에 있으면서 군사를 인솔하지 않아 잡아 가두게 했다.

1592년 4월 20일

맑았다. 동헌으로 나가 공무를 봤다. 영남관찰사의 공문이 왔다. 적의 기세가 맹렬하여 칼날을 막을 수 없고, 승리한 기세를 타고 적이 몰아치는 모습이 마치 사람 없는 땅에 들어와 있는 것 같다고 하였다. 또 전선을 정비해 도우러 올 것을 임금님께 청하였다고 하였다.

『난중일기』 깊이 보기

전쟁 초기 일본은 무서운 기세로 조선을 점령했어요. 1592년 4월 13일 부산 앞바다에 나타난 일본군은 부산을 점령하고 대구와 상주와 충주를 지나 서울로 향했어요. 일본군의 진격 속도에 놀란 선조 임금님은 4월 30일에 서울을 떠났고 일본군은 5월 3일, 싸움도 없이 서울을 점령했어요. 이 어렵고 위태로운 시기, 이순신 장군은 냉정한 마음으로 수군들의 훈련을 살피고 무기를 점검하며 차분하게 전쟁을 준비했지요.

아들 회의 일기

옥포에서 첫 승리를 거두다
(1592년 5월 9일)

　아직도 흥분이 가시지 않는다. 모두가 알아듣기 쉽게 분명히 말한다. 태어나서 오늘처럼 기쁜 날은 없었다! 아버지가 드디어 첫 승리를 거두고 돌아왔다! 전라좌수사 이순신 장군이 부하들을 이끌고 멀리 경상도 옥포까지 나아가서 왜인들의 배를 수십 척 쳐부수었다! 숨 쉴 틈도 주지 않는 매서운 공격에 왜인들은 정신을 못 차렸다! 왜인들은 아버지의 모습만 보아도 꽁무니를 뺄 지경이었다고 한다!

　잠깐 멈추고 쓴 내용을 살펴보니 느낌표가 참 많다. 다른 글도 아닌 일기니까 솔직하게 말해야겠다. 전투 광경을 내 눈으로 직접 본 것은 아니다. 마음은 전쟁터에 있었다. 몸은 아니었다. 아버지를 따라 경상도로 가고 싶었으나 아버지가 막았다. 위험하다는 이유에서였다. 아직 훈련이 덜 되었다는 이유였다. 그래도, 하고 우겨 보았다. 아버지는 고개만 저을 뿐이었다. 아버지는 함부로 마음을 바꾸지 않는다. 한 번 안 된다고 했으면 끝까지 안 되는 것이다. 대신 아버지는 경상도로 떠나기 전까지 내가 아버지 곁에서 참모처럼 머무는 것을 허락했다. 덕분에 나는 아버지가 전쟁터로 떠나기 전 아버지와 장군들의 회의에 참석할 수 있었다. 남들은 잘 모르는 여러 가지 중요한 일들을 실감 나게 쓸 수 있게 되었다는 뜻이다.

4월 29일 원균이 보낸 공문 한 통부터 쓰는 게 좋겠다.

적의 배 500여 척이 부산, 김해 앞바다에 진을 쳤습니다. 저는 수군을 출동시켜 적의 배 10척을 부수고 불을 질렀습니다. 하지만 적의 숫자가 워낙 많아서 상대할 수 없었고 마침내 함락되었습니다. 경상도와 전라도 두 도의 수군이 힘을 합쳐 적을 공격했으면 합니다. 전함을 거느리고 서둘러 와주십시오.

아버지가 공문을 읽기 무섭게 군관이 달려왔다. 군관이 전하는 남해 고을의 소식은 처참했다. 사람들이 왜적을 피해 달아나 고을이 텅텅 비었다는 것이다. 창고의 문이 모두 열려 있고, 무기도 사라졌으며 민가에서는 밥 짓는 연기가 나지 않는다고 했다. 사실이라면 보통 일이 아니었다. 남해는 이곳 여수에서 가깝다. 걱정이 되었다. 아버지에게 조심스럽게 물었다.

"왜인들이 남해까지 왔다면 여수도 위험하지 않나요?"

아버지가 잠깐 생각하고 대답했다.

"참으로 경악할 일이기는 하다. 다만 무엇보다도 지금은 상황을 정확히 파악해야 한다. 전쟁이 일어나면 소문이 무섭게 퍼지는 법이거든. 우리가 가진 정보를 종합해 보면 왜인들이 남해에 도착했을 리 없다. 왜인들의 공격을 받은 게 아니라 무서워서 피한 것이다."

역시! 아버지다운 냉철한 판단이었다. 아버지는 원균의 요청대로 경상도로 가서 왜인들을 막는 것이 전라도의 안전을 위해서도 좋다고 생각하는 것 같았다. 워낙 중요한 일이라 아버지 혼자 결정할 수 없었다. 전라도 수군이 경상도로 출동한 적은 여태까지 한 번도 없었기 때문이다. 휘하 장군들의 뜻이 무척 중요했다.

아버지는 비상 군사 회의를 소집했다. 아버지가 먼저 말을 꺼내고 의견을 물었다. 처음에는 반대하는 의견이 많았다. 왜인들이 언제 여수로 쳐들어올지 모르니 여수를 지키고 있어야 한다고 했다. 숨죽이고 듣고 있던 나도 고개를 끄덕일 수밖에 없었다. 그런데 수염을 유난히 덥수룩하게 기른 정운 장군의 한마디가 사람들의 마음을 흔들었다. 분위기가 바뀌었다.

"왜인들이 경상도로 쳐들어왔습니다. 경상도도 우리의 땅입니다. 왜인들을 막는 데 경상도, 전라도가 따로 있답니까?"

모두 고개를 끄덕였다. 옳소, 옳소, 하고 외쳤다. 지켜보던 나도 소리를 보탰다. 약간 늦게 외치는 바람에 다들 나를 쳐다보아서 조금 쑥스러웠지만 말이다. 아버지가 고개를 끄덕이며 말했다.

"의견이 하나로 모였소. 그럼 경상도로 출병하도록 하겠소."

아버지는 장군 한 명을 불러서 경상도 옥포 바다의 특징을 정리하라고 지시했다. 아버지는 무엇 하나 놓치지 않는 사람이었다.

다음 날부터 아버지는 무척 바빴다. 아버지는 배를 타고 여수 앞바다에 나아가 전쟁에 대비한 훈련을 했다. 이 말은 해야겠다. 나도 그 자리에는 있었다. 진짜 전투처럼 실감이 나는 훈련이었다. 아버지의 목소리와 깃발에 맞춰 판옥선들이 움직이는 모습은 짜릿했다. 아, 나도 열심히 몸과 마음을 닦아서 장군이 되고 싶다. 언제 꿈을 이룰 수 있을까?

출병 준비가 모두 끝났다. 며칠 후인 5월 4일 새벽, 수군은 드디어 경상도를 향해 출발했다. 막 동이 트는 여수 바닷가에서 나는 아버지에게 열심히 손을 흔들었다.

이제 위대한 승리를 거둔 경상도 옥포 해전에 대해 쓰겠다. 이미 밝혔듯 직접 본 것은 아니다. 돌아와서 아버지가 내게 들려준 말,

내가 읽은 여러 가지 공문들을 종합해서 쓴 것이니만큼 꽤 정확하다고는 생각한다. 내가 공부 머리는 좀 있는 편이다. 아버지와 원균이 이끄는 연합 함대가 적의 배들이 집결해 있는 옥포에 도착한 것은 5월 7일 새벽이었다. 고요한 바다에 불화살이 날아올랐다. 앞장서서 접근한 배에서 날린 것이다. 적들을 발견했다는 신호였다. 긴장한 장군들이 웅성거렸다. 아버지는 소란을 한마디로 잠재웠다. 쓰면서도 가슴이 떨릴 만큼 멋진 말이었다. 아버지는 어떻게 이런 훌륭한 말을 할 수 있었을까? 늘 책을 읽기 때문인 것 같다.

"망령되게 움직이지 말고 태산처럼 고요하라!"

그 말 한마디에 수군들의 긴장은 단숨에 사라졌다. 모두 한마음이 되어 적진을 향해 줄을 지어 나아갔다. 적의 배는 대략 50여 척이었다. 배에는 온갖 무늬가 그려져 있었고 붉고 흰 깃발들이 매달려 있었다. 왜인들의 배는 포구를 공격하는 중이었다. 주인 없는 땅인 것처럼 마음 놓고 공격하는 중이었다.

아버지가 공격 신호를 보냈다. 바다가 단숨에 시끄러워졌다. 화살이 날고 대포가 발사되었다. 예상하지 못했던 공격에 왜인들은 정신을 차리지 못했다. 우왕좌왕 헤매던 왜인들은 바다로 나오지 못하고 육지 쪽으로 도망갔다. 화살과 대포로 맞서기는 했으나 이미 늦었다. 왜인들은 배를 가볍게 만들 생각으로 배 안의 물건들

을 마구 던졌다. 몇몇 왜인들은 무작정 바다에 뛰어들었다. 살아남은 왜인들은 육지에 기어올라 산으로 올라갔다. 육지로 따라 올라가 왜인들을 쫓기는 어려웠다. 산에는 적들의 요새가 있었고 배를 비우고 나갔다가 도리어 공격을 당할 수도 있었다. 아버지는 배를 떠나지 말라고 명령했다.

첫 번째 해전의 성과는 엄청났다. 적의 배 26척이 침몰했고 꽤 많은 왜인이 죽거나 다쳤다. 조선 수군은 어땠을까? 가벼운 상처를 입은 한 사람을 제외하면 전혀 피해가 없었다. 아버지는 규모가 작은 두 번의 해전을 더 치렀다. 합포와 적진포에서 왜인들의 배 5척, 11척을 침몰시켰다. 그야말로 완벽한 승리였다!

하지만 전쟁은 전쟁이다. 다 좋을 수는 없는 법이다. 어쩔 수 없이 이 말은 해야겠다. 아버지가 이끄는 조선 수군은 바다에서 대승을 거두었다. 육지의 사정은 정반대였다. 육지에는 아버지 같은 장군이 없었다. 왜인들은 마치 뒷산에 오르듯 편안하게 서울을 향해 달려갔다. 부산에서 서울까지 가는 동안 아무도 왜인들을 막지 못했다. 왜인들은 5월 3일, 서울을 점령했다. 임금님은 서울에 없었다. 4월 30일에 이미 서울을 떠나 함경도로 갔기 때문이다. 백성들은 그냥 남겨놓고……. 임금님이라도 떠났으니 다행인 걸까? 나는 잘 모르겠다. 나 같은 사람과 임금님은 처지가 다르다. 서울을 떠나는 임금님의 마음도 아마 무척 복잡했을 것이다. 백성들

걱정에 마음이 편치는 않았을 것이다. 아버지 같은 장군이 열 명만 있었다면 얼마나 좋았을까? 곳곳에서 승리를 거둘 수만 있었다면 얼마나 좋았을까? 이렇기에 준비가 중요한 것이다. 전쟁이 일어난 뒤 후회해봐야 이미 늦다.

  내일 아침에는 일찍 일어나서 활쏘기 연습을 해야겠다. 병법 책들도 부지런히 읽어야겠다. 훌륭한 장군인 아버지에게 조금이라도 도움이 되는 아들이 되고 싶다.

이순신의 『난중일기』

1592년 5월 1일

수군들이 본영 앞바다에 모두 모였다. 흐렸지만 비는 오지 않았다. 남풍이 크게 불었다. 진해루에서 일을 시작했다. 방답 첨사와 배흥립, 정운을 불렀다. 모두 격분하여 제 한 몸을 생각하지 않았다. 과연 의로운 자들이라 할 만하다.

1592년 5월 2일

맑았다. 삼도 순변사와 우수사의 공문이 왔다. 송한련이 남해에서 돌아왔다. 남해 현령과 미조항 첨사, 상주포 권관과 곡포 권관, 평산포 권관 등이 왜적에 대한 소문을 듣고 도망쳤고, 군기물이 모두 흩어져 남은 것이 없다고 하였다. 매우 놀랄 일이다. 낮 12시 무렵 바다로 나가 진을 쳤다. 여러 장수가 기꺼이 나가 싸울 뜻이 있었지만 낙안 군수는 피하고 싶은 모양이었다. 한탄스러웠다. 피하려 하여도 군법이 있으니 피할 수 없다. 저녁에 방답의 첩입선 세 척이 앞바다로 돌아와 정박했다. 비변사에서 온 세 장의 공문을 받았다. 창평 현령이 와 공식 부임장을 바쳤다. 저녁의 군호는 용호(용과 호랑이), 복병은 산수(산과 물)이다.

1592년 5월 4일

맑다. 동이 트자 배를 출발시켰다. 미조항 앞바다에 도착해 다시 약속했다. 우척후와 우부장, 중부장과 후부장 등은 오른쪽에서 개이도로 가서 수색하고 적을 물리치도록 하였다. 나머지 대장선은 평산포와 곡포, 상주포, 미조항을 지났다.

『난중일기』 깊이 보기

1592년 5월 7일 새벽, 이순신 장군은 처음으로 일본군과 맞서 싸웠어요. 이순신 장군은 부하들에게 조용히 접근할 것을 당부했어요. 일본군은 갑자기 나타난 조선 수군을 보고 크게 당황했어요. 이순신 장군은 임금님에게 올린 보고서(옥포파왜병장)에 이렇게 썼어요.

모두 합하여 왜선 26척을 대포로 맞혀 깨뜨리고 불태웠습니다. 온 바다에서 피어오르는 연기와 불꽃이 하늘을 뒤덮었습니다.

옥포 해전에서 이순신 장군은 처음으로 승리를 거두었어요. 굉장히 중요한 승리였지요. 전투에 대한 자신감을 갖게 되었고, 일본군을 무찌를 전략 또한 확실히 세울 수 있게 되었어요.

아들 회의 일기

부상을 당하다
(1592년 6월 1일)

　여러 가지 소식이 있을 때는 고민이 된다. 무엇부터 쓰는 게 좋을까 머리를 쥐어뜯었다. 자, 여기 기쁜 소식이 있고, 슬픈 소식이 있다. 결정했다. 먼저 기쁜 소식부터.
　나 이회가 처음으로 전투에 나섰다. 노력 없이 그냥 얻은 결과는 아니었다. 활쏘기에서 스무 발을 연속으로 적중시켰고, 오르락내리락 길이 교대로 나타나는 마을 한 바퀴를 한 번도 쉬지 않고 달렸다. 나는 숨을 헉헉거리면서 아버지에게 도움이 되고 싶다고 말했다. 전쟁터에서 아버지의 곁을 지키고 싶다고 말했다. 병법서도 늘 읽고 있다고 말했다. 심지어 아버지처럼 일기도 열심히 쓴다고 말했다. 아버지는 아무 말도 하지 않았다. 한 번 더 부탁하자 아버지는 마지못해 허락했다. 아버지가 말했다.

"조건이 있다."

"무엇이든 말씀하세요."

"전쟁터에서는 나를 아버지가 아닌 장군으로 대해야 한다."

나는 큰 소리로 네, 하고 대답했다. 그거야 어려울 것이 없었다! 그렇게 해서 나 이회가 드디어 사천 해전에 참전하게 된 것이다. 사천 해전도 원균의 요청으로 시작되었다(생각해보니 부탁하는 건 늘 원균이다, 아버지가 아니라). 원균은 왜인들의 배가 사천 앞바다까지 쳐들어왔다고 공문을 보냈다. 도와달라는 뜻이었다.

아버지는 전함 23척을 거느리고 사천으로 갔다. 원균도 배를 끌고 와서(달랑 세 척) 합류했다. 연합 함대는 조심스럽게 사천 포구로 갔다. 마침내 왜인들이 보였다. 침을 꿀꺽 삼켰다. 왜인들을 직접 본 건 처음이었다. 왜인들은 기세가 제법 매서웠다. 이미 사천을 점령한 왜인들은 산봉우리에 진을 쳤고, 그 아래 바다에 배들을 정박시켰다. 사오백 명이 넘는 왜인들이 우글거렸다. 솔직히 말하면 조금 겁이 났다. 긴장을 풀기 위해 심호흡을 몇 번 했다. 아버지는 장군들과 회의를 했다. 아버지가 말했다.

"왜인들의 기세가 높소. 저 기세를 이용하는 게 좋겠소."

장군들이 고개를 갸웃했다. 장군 한 명이 물었다.

"무슨 말씀이십니까?"

"다가갔다가 곧바로 물러나는 것이오. 마치 저들의 기세에 겁을 먹은 것처럼."

"아하, 적을 방심하게 만드는 작전이로군요."

"그렇소. 적들이 호기롭게 쫓아오면 곧바로 방향을 바꿔 공격하는 것이오."

듣고 있던 나는 주먹을 쥐었다. 내가 읽은 병법서에도 비슷한 내용이 있었다. 삼십육계는 아니고… 전쟁을 하는 건 적을 속이는 일이기도 하다… 였던가? 아버지는 병법서를 머릿속에 넣고 있는 사람이었다.

회의를 마친 아버지가 지시를 내렸다. 조선 수군들은 아버지의 명령대로 움직였다. 왜인들이 보이는 곳까지 갔다가 마치 겁에 질린 것처럼 서둘러 배를 돌렸다. 왜인들이 빠르게 쫓아왔다. 왜인들의 기세가 등등했다. 신기했다. 모든 게 아버지의 생각대로였다. 왜인들은 무척 서둘렀다. 그들의 배가 가까이 오자 아버지가 다시 신호를 보냈다. 우아, 거북선이 전함 사이를 뚫고 갑자기 나타났다.

거북선은 왜인들의 배에 돌진했고 이리저리 방향을 바꿔가며 움직였다. 처음 보는 괴물 같은 배에 왜인들은 당황했다. 그러면 그렇지, 나 같은 강심장도 처음 보고 얼마나 놀랐는데…. 조금 전까지 일사불란했던 진영이 낙엽처럼 이리저리 흩어졌다. 아버지가 다시 신호를 보냈다. 이제 판옥선이 활약할 시간이다. 조선 수군의 정예선인 판옥선은 거북선이 만들어준 길을 따라 전진했다. 마음껏 활을 쏘고 대포를 쏘았다. 여기서 번쩍, 저기서 번쩍, 우르릉 쾅쾅 소리가 요란했다. 왜인들의 비명이 들렸고 배가 불타는 모습이 보였다. 길게 쓰지는 않겠다. 솔직히 말한다. 적들이기는 해도 사람이 다치고 죽는 것을 보는 게 썩 즐겁지는 않았다. 전쟁이니 어쩔 수 없이 싸울 뿐이다. 해전이 끝나고 살펴보니 적의 배는 무려 13척이나 불에 탔다. 죽은 왜인들의 숫자도 꽤 많았다. 적을 방심하게 만든 후 공격을 지시한 아버지의 전술은 완벽하게 성공이었다!

이제 슬픈 소식을 말할 차례다. 아버지가 다쳤다. 내 잘못이다. 하도 정신이 없어서 아버지가 다친 줄도 몰랐다. 아버지를 지키겠다고 속으로 맹세했는데 말이다. 우리 가족에게 크게 욕을 먹을 일을 한 것이다. 아버지는 왜인들이 쏜 총에 맞았다. 부상 부위가 왼쪽 어깨인 것이 천만다행이었다. 조금만 아래에 맞았다면……. 상상하기도 싫다. 피를 흘리는 아버지를 보니 눈물이 났다. 눈물을 흘리며 괜찮으시냐고 물었다. 아버지는 빙긋 웃으며 아무렇지 않다고 했다.

"난 괜찮다. 다른 이들을 돌보아라."

그렇다. 아버지의 말대로 이번 전투에서는 피해가 조금 있었다. 군관 한 명도 총에 맞았고, 화살에 맞은 이들도 여러 명이었다. 하지만 나에게는 아버지가 먼저였다. 나는 아버지에게 괜찮은지 다시 물었고 아버지는 명령이니 다른 사람을 돌보라고 말했다. 아버지의 목소리는 평소와 다르지 않았다. 그제야 안심했다. 나는 네, 하고 큰 목소리로 답하고는 상처를 입은 이들에게 갔다.

아버지는 다른 사람들이 다 치료받은 후에야 치료를 받았다. 내가 계속해서 걱정스러운 눈빛을 보내자 아버지가 조금은 인자한 목소리로 말했다.

"내 몸은 내가 잘 안다. 중상이 아니다. 가벼운 부상이라는 뜻이다. 며칠 지나면 저절로 아물 것이다."

나는 아버지의 말을 믿었다. 아버지는 거짓말하는 사람이 아니니까. 그러나 아버지의 말은 사실이 아니었다. 늦은 밤, 아버지의 숙소로 찾아갔다. 아버지는 편지를 쓰고 있었다. 나를 본 아버지는 편지를 치우려 했다. 하지만 팔을 제대로 움직이지 못했다. 아버지는 어깨가 아파 얼굴을 찡그렸다. 다가가서 아버지를 살폈다. 상처에서 진물이 났다. 아버지가 말했다.

"괜찮다니까."

"계속 약을 발라 주어야 합니다."

아버지는 어쩔 수 없이 내게 어깨를 맡겼다. 나는 아버지의 어깨에 뽕나무 잿물을 발랐다. 그러면서 아버지가 쓰던 편지를 흘깃 보았다. 아버지를 추천한 정승이자, 아버지가 굳게 믿는 사람인 유성룡에게 보내는 편지였다.

"상처가 쉽게 낫지 않습니다. 갑옷을 입고 있는데 계속 진물이 흐릅니다……."

아버지와 눈이 마주쳤다. 아버지의 표정에서 마음을 읽었다. 다른 이들에게 말하지 말하는 뜻이었다. 나는 고개를 끄덕였다.

　밖으로 나와 별을 보았다. 땅과 바다에는 싸움이 가득했지만, 하늘에는 별이 가득했다. 하늘은 정말로 평화로웠다. 나는 아버지를 생각했다. 아픔을 참고 또 참기만 하는 아버지. 아버지는 항상 그랬다. 자신의 아픔은 감추고 남들의 아픔을 먼저 생각했다. 내 앞에서 얼굴을 찡그린 것에 대해서도 무척 후회하고 있을 것이 분명했다. 아, 아버지. 혼자 있었더라면 상처도 돌보지 않았겠지. 내가 곁에 있어서 그나마 다행이다.

이순신의 『난중일기』

1592년 5월 29일

맑았다. 우수사가 오지 않았다. 여러 장수를 이끌고 홀로 새벽에 출발했다. 노량에 닿았더니 경상우수사(원균)가 미리 만나기로 한 곳으로 와서 같이 의논했다. 왜인들이 정박해 있는 곳을 묻자 적의 무리가 사천 선창에 있다고 하였다. 곧바로 그곳으로 갔더니 왜인들이 육지에 올라 산봉우리에 진을 치고 산 아래에 적선을 줄지어 정박해 놓고 있었다. 싸우려는 자세가 날쌔고 단단했다. 나는 장군들을 독려하며 일제히 달려들었다. 화살을 빗발치듯 퍼붓고 여러 대포를 바람과 우레같이 어지럽게 쏘아 대니 적들이 두려워 물러났다. 맞은 이가 몇백 명인지 셀 수 없이 많았다. 군관 나대용이 탄환을 맞았다. 나도 왼쪽 어깨 위에 탄환을 맞았다. 탄환이 등을 뚫고 나갔으나 중상은 아니었다. 사부와 격군 중에도 탄환을 맞은 사람이 많았다. 적선 13척을 불태우고 물러 나왔다.

『난중일기』 깊이 보기

이순신 장군은 5월 29일 사천 해전에서 승리를 거두었어요. 이순신 장군이 병법을 자유롭게 쓰고 있음을 알게 해준 특별한 해전이었지요. 그런데 이 과정에서 이순신 장군은 어깨에 총을 맞는 부상을 입었어요. 『난중일기』에는 이렇게만 적혀 있지요.

나도 왼쪽 어깨 위에 탄환을 맞았다. 탄환이 등을 뚫고 나갔으나 중상은 아니었다.

유성룡이 쓴 『징비록』의 내용은 조금 달라요.

날아오는 총알을 왼쪽 어깨에 맞아 피가 발꿈치까지 흘러내렸다. 이순신은 싸움이 끝날 때까지 말하지 않았다. 싸움이 끝난 후에야 칼로 살을 베어내고 총알을 뽑아냈는데, 총알이 두어 치 넘게 들어가 있어 지켜보는 사람들의 얼굴빛이 하얗게 질렸다.

『난중일기』의 기록과는 달리 상당히 심한 부상이었어요. 이순신 장군은 왜 별거 아닌 것처럼 말했을까요? 장군이 약한 모습을 보이면 수군들의 사기가 떨어졌을 거예요. 이순신 장군은 부하들과 나라를 위해 자신의 아픔은 아무렇지도 않은 척 참고 견디면서 전쟁에 임한 게 아닐까요?

아들 회의 일기

한산도에서 엄청난 승리를 거두다
(1592년 7월 13일)

　나는 사천 해전에서 엄청난 승리를 거둔 줄 알았다. 그렇지 않았다. 사천 해전은 시작일 뿐이었다. 기세를 탄 조선 수군은 왜인들을 만날 때마다 해치웠다. 조선 수군은 당포와 당항포와 율포에서 모두 승리를 거두고 여수로 돌아왔다. 싸울 때마다 이긴 것이다. 이렇게 말하기는 조금 그렇지만, 내가 참여한 이후로 더 잘 이기는 것도 같다. 내 기운이 보통은 아니니까. 항상 이기니, 이기는 것이 당연하다는 생각까지 들 정도였다.

　전투 하나하나를 자세히 이야기하기보다는 내가 그 과정에서 느낀 점을 좀 적고 싶다. 현장에서 보고 배운 것이 참 많기 때문이다. 먼저 나는 군인이자 장군으로서의 아버지를 다시 보게 되었다. 장군으로서의 아버지는 무섭고 엄격하다고 썼는데 가까이에서 보니 그렇지 않았다. 조선 수군이 왜인들과 싸울 때 알게 모르게 공로를 세운 이들이 있다.

바로 산속에 숨어 있던 피난민들이다. 왜적을 피해 집을 떠나온 피난민들은 부족한 잠과 식량 때문에 잔뜩 지쳐 있었으면서도 수군을 찾아와 왜인들이 근거지로 삼고 있는 장소에 대한 정보를 알려주었다. 자기를 돌보지 않고 멀리까지 찾아온 이유를 물으면 이렇게 대답했다.

"이 나라에 믿을 만한 사람은 장군님밖에 없습니다."

"높으신 분 중 유일하게 우리 편을 들어주십니다. 그러니 우리도 도와야지요."

피난민들의 도움이 없었다면 대승을 거두기 어려웠을 것이다.

아버지는 피난민들을 따뜻하게 대했다. 왜인들에게서 빼앗은 식량과 옷감 등을 그들에게 나누어 주었다. 예상치 못한 호의에 무척 놀랐다가 나중에는 기쁘게 웃는 피난민들의 모습을 잊을 수가 없다. 피난민을 일일이 챙겨준 장군은 아버지가 처음이었을 것이다. 아버지는 시간 날 때마다 장군과 군관에게 이렇게 말하곤 했다. 내 아버지라서 하는 말이 아니다. 정말 본받아야 할 훌륭한 말이다. 머릿속에 그대로 넣고 싶다.

"왜인들의 목을 베는 일은 중요하다. 그렇지만 더 중요한 건 우리 백성의 목숨을 한 명이라도 더 구하는 것이다."

장군들은 아버지의 지시를 그대로 따랐다. 왜인들의 배를 불태울 때는 꼭 우리 백성이 포로로 잡혀 있지 않은지 먼저 확인하는 절차를 거쳤다. 그 덕분에 수십 명의 백성을 구할 수 있었다. 적에게 잡혀 있다 풀려난 열네 살 소년의 이야기를 하고 싶다. 소년은 부모에게서 떨어져 홀로 있었다. 두려움에 떨었던 그동안의 감정이 한꺼번에 터져 나왔던지 아버지 앞에서 엉엉 울었다. 시커먼 눈물 자국이 얼굴에 가득했다. 아버지는 아무 말도 하지 않았다. 하지만 나는 아버지가 몰래 눈가의 눈물을 닦는 모습을 보았다. 아마도 집에 있는 내 동생 면이, 소년보다 나이는 조금 많아도 우리에게는 영원한 막내인 면이 생각났기 때문일 것이다. 아버지는 군관에게 명령을 내렸다.

"저 아이를 고향으로 안전하게 보내라."

이런 아버지였던 만큼 수군에 대한 배려는 상상을 초월했다. 자신의 공은 당연히 자신 것이고 부하의 공까지 자신의 것으로 만드는 원균과는 달라도 한참 달랐다. 아버지는 조정에 문서를 올릴 때 전투에서 공을 세운 이들의 이름을 빼놓지 않고 기록했다. 작은 공을 세운 수군 한 명까지 빠트리지 않았다. 그러다 보니 기록된 이름들로 문서가 길어졌다. 왜인들에게서 빼앗은 물건은 직위를 가리지 않고 골고루 나눠 주었다. 전투 중 다친 수군을 일일이 찾아가 살피고 장군들에게 치료 과정을 지켜봐 달라고 당부했다. 더 놀라운 건 우리 편으로 넘어온 왜인에 대한 대우였다. 아버지가 연전연승하자 왜인 중 일부는 조선의 백성이 되기를 원했다. 아마도 어쩔 수 없이 전쟁에 끌려온 이들이었을 것이다. 아버지는 그들에게 땅을 주고 먹고살 수 있게 해주었다. 왜인을 그저 죽여 없애야 할 적으로만 여기지는 않았던

것이다. 비록 전쟁을 하고는 있으나 그들 또한 사람이라는 것을 잊지 않았다. 아버지가 한 말을 잊을 수 없다.

"다만 전쟁터에서 만났을 뿐이다."

아버지의 말은 이것으로 끝이었지만 내 마음은 오래 흔들렸다. 적을 물리쳐야만 하는 장군의 입에서 나오기 쉽지 않은 말이라 생각했기 때문이다. 무시무시한 전쟁도 사람을 존중하는 아버지의 태도를 바꿔놓지 못했다.

아버지와 정반대인 사람이 바로 원균이다. 내가 보기에 원균은……. 쓰려고 하니 화가 난다. 다시 말하지만, 원균은 오직 공을 세우는 데에만 관심이 있었다. 전투에서는 보이지 않다가 전투가 끝나고 뒷수습을 할 때에는 유난히 활개를 쳤다. 애도 아닌데 왜 그러는 건지…….

원균의 일을 길게 쓰고 싶지 않다. 전쟁 중이니, 우리가 계속 이기고 있으니 다시 전투 이야기를 하는 게 좋겠다. 아, 한산 해전을 생각하니 가슴이 또다시 뜨거워진다. 한산 해전은 내가 참가한(많이 참가한 건 아니지만) 전투 중 최고였다. 엄지손가락을 들고 또 들어도 부족하다. 모르긴 몰라도 우리 역사에 길이 남을 위대한 전투로 기록될 거라고 말하고 싶다.

아버지에게 연속으로 패한 왜인들은 위기를 느꼈다. 도요토미 히데요시는 장군들에게 화를 냈다. 왜인들의 마음도 급해졌다. 어떻게 해서든 조선 수군을 물리치기 위해 애를 썼다. 왜인들은 고민 끝에 여러 곳에 흩어져 있던 배들을 모아 조선 수군을 공격할 계획을 세웠다. 이 소식은 조선 수군의 귀에도 들어왔다. 아버지는 왜인들의 기세를 누를 좋은 기회라고 생각했다. 조선 수군의 연합 함대는 견내량에 도착해 적을 탐색했다. 곧바로 보고가 올라왔다.

"큰 배가 36척, 중간 배가 34척, 작은 배가 12척이 있습니다. 적은 숫자는 아니지만, 우리의 기세라면 싸워 볼 만합니다."

여러 장군의 의견도 비슷했다. 아버지는 달랐다. 아버지가 말했다.

"견내량은 지형이 좁고 암초가 많소. 공격이 쉽지 않고 도망가는 적들을 추격하기도 어렵소."

장군들이 아버지가 무슨 말을 하는지 몰라 고개를 갸웃했다. 아버지는 새로운 계획을 설명했다. 장군들의 얼굴이 밝아졌다. 나 또한 또다시 놀랐다. 아버지는 정말로 대단한 장군이었다. 아버지의 계획은 간단했다. 적들을 한산도 앞바다로 끌어내는 것이었다. 한산도 앞바다는 조선 수군에게 익숙한 곳이었고 드넓은 곳이었다. 패한 쪽의 입장에서 보자면 무척 불리한 곳이었다. 육지로 도망가기 어려운 장소였기 때문이다.

마침내 공격을 시작했다. 판옥선 여섯 척이 앞장섰다. 금방이라

도 공격할 기세로 판옥선이 적들에게 다가갔다. 왜인들이 가만히 있을 리 없었다. 왜인들은 자신들의 배가 많다는 것을 믿고 곧바로 맞서 싸우기 위해 다가왔다. 판옥선은 일부러 밀리는 척하면서 그들을 한산도로 유인했다. 한산도 앞바다에서 대기하던 아버지의 눈에 적들의 배가 들어왔다. 아버지는 손을 높이 들고 명령을 내렸다.

"학익진! 학의 날개처럼 적을 에워싸라!"

학익진! 이것이 아버지가 준비한 비장의 전술이었다. 아버지의 명령대로 조선 수군은 학의 날개처럼 진영을 만들었다. 지켜보는 내 가슴이 떨릴 정도로 멋진 모습이었다. 전술 이름이 학익진이지만 왜인들은 독수리나 매처럼 무섭게 느꼈을 것이다. 졸지에 조선

수군에게 둘러싸인 왜인들은 당황했다. 처음엔 맞서다가 곧바로 도망가기 시작했다. 일은 아버지가 계획한 대로 진행되었다. 도망갈 곳이 없었다. 한산도 앞바다는 왜인들의 무덤이 되었다.

　엄청난 성과였다. 무려 60여 척의 배가 침몰했다. 큰 배와 중간 배는 거의 다 사라진 것이다. 기쁘고, 또 기쁘다! 이긴 것보다 더 중요한 사실이 있다. 한산 해전의 결과 왜인들은 아버지와 맞서 싸워서 이길 수 없다는 것을 깨달았다. 그래서 바다에서 정면으로 맞서기보다는 육지에 성을 쌓고 간간이 공격하는 소극적인 전술을 택하게 되었다. 그 뒤로는 소규모 전투만 몇 번 있었을 뿐 한산 해전 같은 큰 전투는 일어나지 않았다. 어떤 이들은 아버지가 전투를 피한다고 말한다. 아버지를 그런 식으로 모함하다니! 전혀 사실이 아니다.

　전투에서 이기는 게 좋긴 하지만, 일단 싸움을 시작하면 아무리 조심해도 다치거나 죽는 사람이 생기게 된다. 그런 의미에서 한산 해전은 바다의 주인을 결정하는 중요한 전투였다. 바다의 주인이 누구인지 알려 적을 움츠리게 만든 것이다. 일기를 쓰면서도 자꾸 웃음이 난다. 조금 쑥스러워도 이렇게 쓰고 싶다. 우리 아버지가 바로 한산 해전을 승리로 이끈 이순신 장군이다!

이순신의 『난중일기』

1592년 6월 2일 (당포 해전)
맑았다. 아침에 출발해 당포 앞 선창으로 갔다. 적선 20여 척이 줄지어 정박해 있었다. 둘러싼 뒤 싸웠다. 왜의 큰 배 한 척은 판옥선과 크기가 비슷했다. 배에 화려한 누각이 있었고 높이가 두 길 정도였다. 왜의 장수가 누각에 앉아 꼼짝하지 않았다. 편전과 총통을 빗발치듯 쏘았다. 왜의 장수가 화살에 맞아 떨어졌다. 왜인들이 놀라 뿔뿔이 흩어졌다. 장수와 군사들이 일제히 모여 쏘아 대니 맞아 쓰러진 적들이 얼마나 많은지 셀 수 없을 정도였다. 남김없이 전부 무찔렀다. 왜의 큰 배 20여 척이 부산에서 열을 지어 왔다. 우리 수군을 멀리서 보고 개도로 도망쳐 갔다.

1592년 6월 5일 (당항포 해전)
아침에 출발해 고성 당항포에 도착했다. 왜의 큰 배 한 척이 판옥선만 한데, 배에 높은 누각이 있었다. 왜의 장수가 그 위에 앉아 있었다. 중간 배 12척과 작은 배 20척을 한번에 무찔러 깨뜨리려고 빗발치듯 화살을 쏘았다. 맞아 쓰러진 적들이 얼마나 많은지 셀 수 없을 정도였다. 왜의 장수 일곱의 머리를 베었다. 왜인들이 육지로 달아나 남은 적의 수가 적었다. 우리 군의 함성이 하늘과 땅에 들썩였다.

1592년 6월 7일 (율포 해전)

맑았다. 아침에 출발해 영등포 앞바다에 도착했다. 율포에 적선이 있다는 걸 듣고 배를 보내 확인했더니 적선 다섯 척이 우리 수군을 보고 남쪽 큰 바다로 달아났다. 여러 배가 쫓아가 따라잡았다. 사도 첨사 김완이 한 척을 붙잡고, 우후가 한 척을 붙잡고, 녹도 만호 정운이 한 척을 붙잡았다. 모두 합쳐 왜인 36명의 머리를 베었다.

『난중일기』 깊이 보기

아쉽게도 『난중일기』에 한산 대첩의 기록은 남아 있지 않아요. 하지만 이 시기 이순신 장군은 싸우면 이기는 무적의 장군이었어요. 한산 대첩은 어떻게든 이순신 장군의 기세를 막아보려고 애를 썼던 일본군의 마지막 저항이었지요. 한산 대첩에서 패한 후 일본은 바다에서 승리를 얻겠다는 생각을 버리게 되었지요. 한산 대첩에 대해 쓴 다른 기록을 살펴봅시다.

우리 배가 거짓으로 물러나니 적들이 끝없이 쫓아와 바다로 나갔다. 여러 장군에게 학의 날개처럼 진을 치고 일제히 진격하도록 명령했다. (중략) 승세를 몰아 앞다투어 돌진하여 총통을 퍼부으니 그 형세가 바람과 우레와 같았다. 적의 배를 불태워 죽이고 적군을 한번에 거의 다 쳐부수었다. (견내량파왜병장, 7월 17일)

아들 회의 일기

삼도 수군통제사가 되다
(1593년 9월 1일)

　한동안 일기를 쓰지 못했다. 여러 가지 일이 참 많았다. 가장 마음이 아팠던 소식부터 쓰겠다. 1년 전 정운 장군이 전투에서 목숨을 잃었다. 부산에서 벌어진 전투에서 말이다. 부산포 해전에서 승리한 건 당연히 아버지가 이끄는 조선 수군이었다. 한산 해전 이후 왜인들이 전투에 적극적으로 나서지 않았다는 건 이미 말한 바 있다. 그랬기에 소규모 전투만 벌어졌고 그 소규모 전투에서도 조선 수군은 매번 승리했다.

　부산포 해전은 한산 해전 이후 가장 큰 전투라고 부를 만했다. 부산포 앞바다에 정박해 있는 적의 배 400여 척을 공격하는 대담한 작전을 펼쳤기 때문이었다. 아버지는 적의 배 100여 척만 부수었을 뿐 왜인들의 목숨을 빼앗지는 못했다고 공문에 적었다. 내가 보기엔 지나친 겸손이었다. 왜인들은 육지 가까이에 있어 공격이 쉽지 않았다. 그 수가 많아 반격도 거세었다. 그런 적을 상대로 100여 척의 배를 부수었다는 건 놀라운 일이었다. 하지만 그 과정

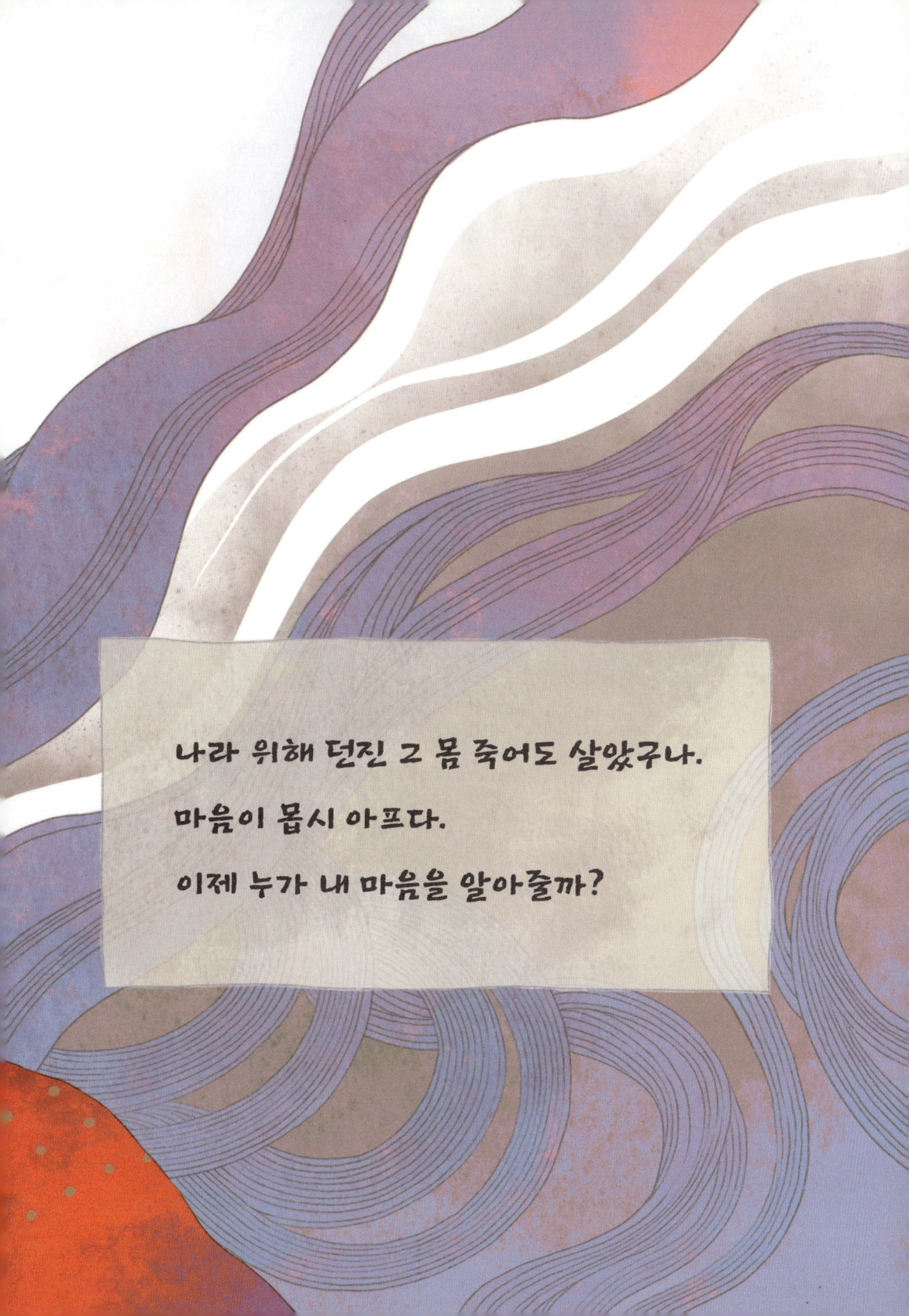

나라 위해 던진 그 몸 죽어도 살았구나.
마음이 몹시 아프다.
이제 누가 내 마음을 알아줄까?

에서 정운 장군이 죽고 말았다. 정운 장군은 늘 아버지를 존경했다. 일찍이 경상도 출병을 결정했을 때 가장 목소리를 높여 찬성했던 것도 정운 장군이었다. 정운 장군이 아버지에 대해 했던 말은 잊을 수 없다.

"이순신 장군을 만나지 않았더라면 지금과 같은 사람이 될 수 없었을 것이다."

내가 그 말을 아버지에게 전했더니 아버지는 잠깐 생각한 후 이렇게 말했다.

"나 또한 정운이 없었더라면 지금과 같은 성과를 이룰 수 없었을 것이다."

정운 장군은 내게도 특별한 사람이었다. 정운 장군은 나를 친동생처럼 대했다. 뒤에서 몰래 다가와 나를 놀라게 하는 장난을 치기도 했고, 덥수룩한 수염으로 얼굴을 비비기도 했다. 조총 사용법을 알려준 사람도 정운 장군이었다. 그런 정운 장군이 죽다니…….

마음을 다잡아야겠다. 정운 장군이 죽었지만, 전쟁은 끝나지 않았다. 그 무렵 전쟁 상황은 처음과는 무척 달라져 있었다. 가장 큰 변화는 여태껏 지켜보기만 하던 명나라가 전쟁에 참여한 것이다. 처음에 명나라는 조선이 왜와 비밀스러운 약속을 맺고 있는 건 아닌지 의심했다. 두 나라가 힘을 합쳐 명나라를 공격하는 건 아닌지 말이다. 몇 달 지켜본 후 명나라는 의심을 거둬들였다. 조선이 멸망하면 결국 피해를 보는 건 명나라이기 때문이었다. 명나라 장군 이여송은 수만 명의 대군을 이끌고 압록강을 건넜다. 노련한 장군답게 멋진 승리도 거두었다. 조선군과 힘을 합쳐서 평양성을 되찾았다. 왜인 수천 명이 죽었다고 했다. 육지에서 거둔 가장 큰 승리였다. 왜인들을 물리치는 건 시간문제로 보였다. 하지만 이여송은 기세를 이어나가지 못했다. 첫 싸움에서 너무 크게 이긴 것이 문제였다. 왜인들을 우습게 본 이여송은 가벼운 마음으로 벽제관 전투에 나섰다가 크게 패했다. 그 뒤로는 더 싸우지 않았다. 자리만 지켰다.

　왜인들 또한 비슷했다. 서울에 자리를 잡은 채 앞으로 나아가지 않았다. 두 나라는 협상을 시작했다. 두 나라는 명나라와 왜이다. 이상하지 않은가? 우리 땅에서 벌어지는 전쟁인데 협상은 왜 명나라와 왜가 하는 것인지 나는 알 수 없었다. 아버지에게 물었다. 아버지는 한참 후에 이렇게 대답했다.

　"우리가 힘이 없기 때문이다."

　그러한 상황 속에서도 아버지는 한결같았다. 아버지는 아버지의 일을 했다. 전쟁이 길어지다 보니 여러 문제가 생겼다. 수군들은 지쳐갔다. 무기는 부족해졌고 피난민들의 숫자는 크게 늘었다.

아, 무엇 하나 쉽지 않은 문제였다! 아버지는 문제를 해결하기 위해 애를 썼다.

솔직히 아버지 곁에 오기 전에는 수군에 대해 잘 몰랐다. 말을 타고 벌판을 달리는 육군에 비해 좀 시시하다고도 생각했다. 곁에서 지켜보니 수군은 대단한 사람들이었다. 사람들은 수군이 그저 바다만 지킨다고 생각한다. 그렇지 않았다. 배에서 생활하는 건 많은 업무 중 하나에 지나지 않았다. 수군들은 부서진 성을 고쳐야 했고, 고기도 잡아 바쳐야 했고, 농사도 지어야 했고, 심지어는 지방 관리가 사냥하는 데까지 따라다녀야 했다. 아버지는 수군의 마음을 다독일 여러 가지 조치를 취했다. 농사를 지어서 나오는 곡물을 수군들에게 나누어 주고, 임금님에게서 오는 선물도 골고루 나누었다. 부상을 입은 사람들에게는 휴가를 주었고 교대로 고향에 다녀오도록 했다. 육지의 의병을 모집하는 것도 간접적으로 수군을 돕기 위함이었다.

다음은 무기 문제. 가장 중요한 무기는 대포였다. 왜인들은 천자포, 지자포를 비롯한 대포라면 치를 떨었다. 그런데 대포를 쉬지 않고 쏘려면 화약이 있어야 했고, 화약을 만들려면 염초와 유황이 있어야 했다. 염초는 발품을 팔면 얻을 수 있었다. 아궁이의 흙에 염초 성분이 많았다. 내가 수시로 아궁이를 뒤진 이유이기도 했다. 내 노력으로 염초를 만들 수만 있다면 얼굴이 지저분해지는 것 따위는 상관이 없었다.

  문제는 유황이었다. 유황은 만들어 쓸 수 있는 물건이 아니었다. 아버지는 시간 날 때마다 조정에 유황을 요청했다. 사정을 잘 모르는 관리들에게 왜 그렇게 혼자만 유황을 많이 쓰냐는 잔소리도 가끔 들어야 했다. 내가 다 억울했다. 전투가 일어나면 대포를 쏠 수밖에 없다. 대포도 아껴서 쓰라는 소리인가? 왜인들이 열 발을 쏘면 한 발만 쏘라는 건가? 적을 물리치는 것보다 물자를 아끼는 게 더 중요한가? 나는 아버지 앞에서 몇 번이나 툴툴거렸다. 아버지는 아무런 말도 하지 않았다.

  그리고 원균. 전쟁이 뜸해지자 원균의 나쁜 성품이 오히려 잘 드러났다. 웅천에서 해전이 벌어졌을 때의 일이었다. 아버지 휘하의 군관들이 왜인들에게 공격을 당했다. 근처에는 원균 휘하의 군관들이 있었다. 그들이 어떻게 했는지 아는가? 보고도 못 본 체했다. 같은 편이 적의 공격을 당하는데도 말이다. 다행히 군관들은 살아서 돌아왔다. 이야기를 들은 아버지는 크게 화를 냈다. 아버지는 쉽게 화를 내는 사람이 아니었다. 아버지의 분노가 얼마나 컸는지 짐작할 수 있었다.

  원균의 횡포는 그것만이 아니었다. 어느 날 원균의 군관들이 작은 섬을 바쁘게 들락거렸다. 왜인들이 있는 곳도 아닌데 드나드는

것이 수상했다. 아버지는 군관들을 시켜 그들을 잡아 오게 했다. 사로잡힌 자들이 놀라운 말을 했다. 왜인들을 잡기 어려워지자 우리 어부를 공격하려 했다는 것이다. 우리 어부를 왜인들인 척 속이려 했다는 것이다. 그래야 공로를 인정받을 수 있으니까. 무슨 일인가 싶어 지켜보던 나조차 어이가 없어 고개를 저었다. 아버지는 원균에게 이 사실을 전했다. 원균은 딱 잡아뗐다. 무슨 말인지 모르겠다면서, 괜한 사람을 모함한다면서 도리어 아버지에게 화를 냈다.

그즈음 아버지가 밤에 잠을 이루지 못하는 날들이 많아졌다. 아버지가 깨어 있으니 나 또한 잠들 수 없었다. 아버지는 유난히 한숨을 많이 쉬었고 가끔 시를 읊기도 했다. 아버지가 머리와 배의 통증을 느끼기 시작한 것도 그즈음이었다. 나는 큰 도움이 되지는 못했다. 뭐, 의사는 아니니까. 그저 아버지 곁을 말없이 지켰을 뿐이다. 그래도 아버지는 내가 꽤 대견했는지, 가끔 머리를 쓰다듬어 주었다. 아버지가 베풀 수 있는 가장 큰 애정의 표시였다. 비록 나는 어린아이가 아니었지만 말이다.

그나마 다행인 건 사람들이 다 원균 같지는 않다는 사실이었다. 나라를 위해 온 힘을 다하는 아버지의 진심을 알아주는 이들이 분명히 있었다. 그 증거가 있다. 아버지는 지난 7월에 본거지를 여수에서 한산도로 옮겼다. 경상도와 가까운 한산도는 적의 동향을 살펴보기도, 배를 숨기기에도 좋은 장소였다. 왜인들을 감시하고 언제든 빠르게 출동하기엔 최적의 장소였다. 그리고 한 달 뒤, 아버지는 삼도 수군통제사가 되었다. 전라도와 경상도와 충청도의 수군을 이끄는 최고 장군 자리에 오른 것이다.

　기뻤다. 자랑스러웠다. 아버지가 지키고 있는 이상 이제 왜인들은 바다에 접근하기 어려울 것이다. 그동안에는 같은 서열이라 뭐라 말하기 어려웠던 원균이 아버지의 부하가 되었다. 어떻게 보면 그것이 더 기쁜 일인지도 모르겠다. 정운 장군이 살아 있었다면 크게 웃으며 함께 기뻐해 주었으리라.

이순신의 『난중일기』

1593년 2월 22일

새벽에 구름이 가득해 어두웠다. 동풍이 거세게 불었다. 하지만 적을 물리칠 일이 급했다. 출항하여 사화랑에 도착해 바람이 잦아들길 기다렸다. 바람이 멎을 듯하여 웅천으로 갔다. 승장 둘과 성 의병장을 제포로 보내 곧 육지로 상륙하는 것처럼 보이게 했다. 우도의 여러 장수들의 배에서 부실한 것을 골라 동쪽으로 보내 역시 육지에 상륙하는 것처럼 보이게 했다. 왜적들이 우왕좌왕할 때 전선이 모여 적진을 뚫고 들어갔더니 적들이 흩어져 기세가 약해졌다. 거의 다 물리쳤다. 발포 2호선과 가리포 2호선이 명령 없이 들어가 얕은 곳에서 서로 얽혀 왜적이 올라타게 되었다. 원통하고 분했다. 분한 마음에 간담이 찢어지는 것 같았다. 진도 지휘선이 적에게 둘러싸여 거의 구할 수 없는 지경에 이르렀으나 우후가 바로 들어가 구해내었다. 경상 좌위장과 우부장은 그 모습을 보고서도 못 본 체하고 끝내 도와주지 않았다. 괘씸하여 말하기조차 싫다. 분하고 분하다! 경상도 수사 원균을 꾸짖었으나 한탄스럽다. 오늘의 분함을 어찌 다 말로 할 수 있으랴! 모두가 경상도 수사 때문이다. 돛을 펼치고 소진포로 돌아와 묵었다. 아산의 조카 뇌와 분의 편지가 웅천의 싸움터로 왔다. 어머님의 편지도 왔다.

1593년 7월 14일

맑았지만 늦게 이슬비가 내렸다. 진영을 한산도 두을포로 옮겼다. 비가 먼지를 적실 정도로 왔다. 몸이 매우 불편하여 하루 종일 신음하였다. 순천 부사가 들어와 장흥 부사가 본부의 일을 거짓으로 전달한 것을 말로 다 할 수 없다고 하였다. 같이 점심을 먹었다. 진을 옮긴 한산도 두을포에 그대로 머물렀다.

1593년 7월 29일

맑았다. 새벽에 남자아이를 얻는 꿈을 꾸었다. 포로로 잡혀갔던 아이를 얻을 점괘로구나. 순천 부사와 광양 현감, 사도 첨사와 흥양 현감, 방답 첨사를 불러와 함께 이야기했다. 흥양 현감은 학질에 걸려 금세 돌아갔다. 남은 사람들은 조용히 앉았는데 방답 첨사는 복병하러 돌아갔다. 본영 사람이 와서 아들 면의 병이 차도가 없다고 전했다. 마음이 지독히 아팠다. 저녁에 보성 군수와 소비포 권관이 왔다. 낙안 군수가 들어왔다고 했다.

『난중일기』 깊이 보기

한산 대첩 이후 가장 큰 승리는 부산에서 거두었어요. 이순신 장군 스스로 '가장 잘한 전투'였다고 말했던 해전이었지요. 부산포 해전은 쉬운 전투는 아니었어요. 아끼던 장군 정운을 잃었어요. 이순신 장군은 이렇게 썼지요.

정운은 변란이 생긴 뒤로 나라를 위한 충성스러운 마음이 솟구쳐 적과 함께 죽기로 맹세했다. 세 번의 전투에 매번 앞장섰다. 부산의 전투에서도 죽음을 무릅쓰고 돌진하다 적의 커다란 총알이 이마를 꿰뚫어 전사하였다. (부산파왜병장, 9월 17일)

부산포 해전 이후 전쟁의 양상이 바뀌었어요. 명나라가 전쟁에 참전한 것이지요. 1593년 1월 명나라 장군 이여송이 평양에서 승리를 거두었고 2월에는 권율 장군이 행주산성에서 엄청난 승리를 거두었어요. 4월, 일본군은 서울을 떠나 남쪽에 머물면서 명나라와 강화 회담을 했어요. 이러한 상황에서 이순신 장군은 삼도 수군통제사가 되었지요. 전쟁은 휴전 상태였지만 백성들은 전염병과 식량 부족에 시달렸어요. 수천 명의 수군이 죽었고 수만 명의 백성이 굶어 죽었지요. 거리에는 시체가 가득했고 부모를 잃은 아이들의 눈물은 마를 새가 없었어요. 백성들에게는 살아남기 위한 전쟁이 여전히 계속되었지요.

아들 회의 일기

백의종군하다
(1597년 4월 19일)

도무지 믿을 수 없는, 겪었지만 여전히 믿기지 않는 엄청난 일이 일어났다. 조선의 바다를 철통같이 지키던 아버지가 죄인이 되어 의금부 감옥에 갇혔다. 죄명이 어마어마했다. 임금님의 명령을 어겼다는 것이다! 늘 나라와 백성만 생각하는 아버지를 감옥에 가두다니, 대체 이게 말이 되는 일인가?

1597년 1월, 우리나라에서 군대를 거두어들였던 왜인들이 다시 쳐들어왔다. 몇 년 동안 이어졌던 명나라와의 강화 회담이 결렬되었기 때문이었다. 그 소식을 들은 아버지는 장군들에게 명령을 내렸다. 한산도 앞바다에서 부산으로 이동했다. 왜인들이 바다를 건너오기를 기다렸다가 싸울 생각이었다. 그런데 왜인들이 아버지를 피해갔다. 왜인들이 가장 무서워하는 건 아버지였다. 왜인들은 그동안 아버지에 대해 연구했다. 아버지는 미꾸라지처럼 피해가는 왜인들의 뒤를 쫓으며 전투를 벌였다. 하지만 왜인들이 육지에 상륙하는 것을 막지 못했다. 아무튼, 이기지는 못했다. 그러나 졌다고 말하기도 어려웠다. 도망치는 상대를 따라잡는 것은 말처럼 쉽지 않다. 이것이 실제로 일어난 일이었다. 나도 알고 장군들도 알고 아버지도 아는 일이었다.

임금님의 생각은 달랐다. 이 소식을 들은 임금님은 불같이 화를 냈다. 임금님은 모든 잘못을 아버지에게 돌렸다. 임금님은 이렇게 말했다.

"왜인들이 오는 날짜까지 미리 알려주었다. 그런데 왜 막지 못했는가? 무서워서 도망친 게 아니더냐?"

도망이라니, 여태껏 목숨을 바쳐서 싸운 아버지에게 할 말은 아니었다. 게다가 왜인들이 온다는 공문을 받은 건 이미 왜인들이 상륙한 뒤였다. 그러나 임금님에게 따지고 들 수 없었다. 임금님은 어떤 이유에서인지 아버지를 별로 좋아하지 않았다. 연속으로 승리를 거둘 때에도 임금님은 못마땅한 표정을 지었다고 했다. 임금님은 원균이 더 장군답다는 말을 여러 번 했다고 한다. 어떻게 원균을…….

하지만 임금님은 임금님, 임금님의 말은 무조건 옳은 법이다. 게다가 일이 어찌 되었건 왜인들이 우리 땅에 무사히 상륙한 건 사실이었다. 지금까지 아버지의 편을 들었던 조정 대신들은 욕먹는 게 두려워 아버지에게서 등을 돌렸다. 임금님을 무시한 아버지를 잡아다 죽여야 한다고 목소리를 높였다. 유성룡을 비롯한 몇몇 사람들만 아버지의 편을 들 뿐이었다. 힘이 부족했다. 목소리가 작

았다. 그렇게 해서 조선의 바다를 지키던 아버지는 의금부 감옥에 갇힌 죄인이 되었다.

　나는 하루도 빼놓지 않고 의금부를 찾아갔다. 아버지를 볼 수 있는 날도 있었고 볼 수 없는 날도 있었다. 아버지의 목에는 칼이 씌워져 있었다. 포승줄과 족쇄도 있었다. 아마 매질도 당했을 것이다. 얼굴에도 상처가 있었다. 아버지는 장군다운 대우는 전혀 받지 못하고 있었다. 나는 억울하고 화가 나서 입술을 깨물었다. 아버지는 내게 말을 많이 하지 않았다. 그저 이렇게만 말했다.

　"걱정하지 마라."

　걱정하지 말라니, 어떻게 걱정이 안 되겠는가? 아버지의 죄는 중죄였다. 사형을 당해도 이상하지 않았다. 게다가 임금님은 아버지를 미워한다. 이유는 모르겠으나 죽이고 싶어 할 만큼. 그래도 다행인 것은 아버지의 목숨을 구하기 위해 많은 이가 노력했다는 것이다. 임금님의 마음을 돌리기는 쉽지 않았다. 그들은 임금님에게 부탁하고 또 부탁해 마침내 뜻을 이루었다. 가슴이 너무 아프고 눈물이 난다. 그 일에 대해 자세히 쓰고 싶지는 않다.

　아버지는 약 한 달 만에 감옥에서 풀려났다. 아버지는 사형수가 되었는데 그 죄를 용서받은 것은 아니었다. 그동안의 업적을 생각해서, 전쟁 중이라는 특별한 상황을 고려해서 특별히 풀려난 것이었다. 임금님이 원하면 언제든 아버지의 목숨을 빼앗을 수 있다는 뜻이었다.

아버지의 모습은 참담했다. 얼굴과 몸은 반쪽이 되었고, 매질의 흔적이 여러 곳에 남아 있었다. 더 어이가 없는 일이 있었다. 아버지가 감옥에 갇혀 있는 사이 원균이 삼도 수군통제사가 되었다는 것이다. 임금님은 원균이 아버지보다 전쟁터에서 훨씬 더 용감하게 싸운다고 했다. 자신의 말도 잘 듣는다고 했다. 원균 같은 사람만 있다면 왜인들은 겁에 질려 제대로 싸울 수도 없을 것이라고 큰소리를 쳤다. 임금님은 원균에 대해 몰라도 너무나 모른다. 처음으로 이 나라가 원망스러웠다.

바다를 호령했던 장군이었던 아버지가 한낱 군인이 되어 남쪽 지방에 주둔한 도원수 권율을 찾아가야 하는 형편이 되었다. 사람들은 백의종군이라고 했다. 말이 좋아 백의종군이지 살아 있어도 죽은 것과 다를 바가 없었다. 아, 아버지의 마음은 나보다 훨씬 더 아플 것이다. 아버지를 생각해서 울지 않으려 했지만 나는 결심을 지키지 못했다. 아버지를 보자 도저히 눈물을 참을 수 없었다. 나도 모르게 울먹였다. 아버지는 울지 않았다. 아버지는 도리어 웃으며 말했다.

"걱정하지 마라."

불행은 끝나지 않았다. 더 큰 슬픔이 닥쳤다. 할머니가 세상을 떠났다. 어쩌면 아버지는 그 사실을 짐작했는지도 모르겠다. 할머니가 세상을 떠나기 이틀 전 아버지는 내게 몹시 기분 나쁜 꿈을 꾸었다고 말했다. 무슨 꿈이냐고 물었다. 아버지는 말하지 않았다. 나는 아무 일도 없을 거라고 아버지를 위로했다. 마음 한구석은 찜찜했다. 아버지의 꿈은 들어맞는 경우가 많았다. 이번에도 그랬다. 꿈이 그대로 현실이 된 것이다. 할머니는 아버지를 만나러 오는 도중에 세상을 떠났다. 아버지는 바닷가에서 할머니를 기다리다가 그 소식을 들었다. 아버지는 하늘에 대고 울부짖었다. 진흙땅을 뒹굴었다. 여태껏 살면서 아버지가 그렇게 슬퍼하는 모습은 처음 보았다. 나는 진흙땅으로 갔다. 아버지 앞에 무릎을 꿇고 함께 울었다.

부모가 세상을 떠나면 3년 동안 곁을 지키는 법이다. 아버지에겐 그런 격식을 지킬 시간조차 주어지지 않았다. 아버지는 할머니 곁을 고작 3일 지킨 후에 다시 길을 떠나야만 했다. 의금부 관원은 서둘러 가야 한다고 아버지를 재촉했다. 아버지는 알겠다고 했다. 나는 묵묵히 아버지 뒤를 따르며 이를 갈았다. 아버지가 필요했으면 진작 풀어 주었어야 하지 않나? 한 달을 옥에 가두고 고문하더니 이제 와서 서두르라니······. 나라를 위해 온몸을 바친 결과가 고작 이것인가 싶었다. 자기만 알던 원균은 삼도 수군통제사가 되고 자신은 돌보지 않고 나라와 백성만을 위하던 아버지는 일개

군인이 되었다. 하늘에 대고 소리라도 지르고 싶었다. 아버지가 내 마음을 읽은 것처럼 뒤를 보며 말했다.

"걱정하지 마라."

나는 네, 하고 대답했다. 하지만 내 마음에 가득했던 것은 걱정이 아니라 분노였다. 나는 입술을 잘근잘근 깨물면서 아버지의 뒤를 따랐다.

이순신의 『난중일기』

1597년 4월 1일

맑았다. 감옥문을 나왔다. 남대문 밖 윤씨 집안 종의 집에 도착해 봉과 분, 울과 사행, 원경과 한 방에 같이 앉아 오래 이야기를 나눴다. 지사 윤자신이 와서 위로했다. 비변랑 이순지가 와서 만났다. 울적한 마음을 가누기 어려웠다. 지사는 돌아갔다가 저녁을 먹은 뒤 술을 들고 다시 왔다. 윤기헌도 왔다. 사람들이 정으로 권하며 위로했다. 사양하지 못하고 억지로 술을 마시니 몹시 취하였다. 무의공 이순신이 술병을 가지고 왔다. 같이 취하였다. 영의정(유성룡)은 종을 보냈다. 판부사 정탁, 판서 심희수, 우의정 김명원, 참판 이정형, 대사헌 노직, 동지 최원, 동지 곽영이 사람을 보내 안부를 물었다. 술에 취해 땀으로 몸이 젖었다.

1597년 4월 11일

맑았다. 새벽 꿈이 어지러워 이루 다 말할 수 없다. 덕을 불러 말하고 둘째 아들 울에게도 이야기했다. 마음이 지독하게 언짢았다. 술에 취한 듯 미친 듯 마음을 가라앉힐 수 없으니 어떤 조짐인가. 편찮으신 어머님이 그리워 저도 모르게 눈물이 쏟아졌다. 종에게 어머니의 소식을 알아

오라고 했다. 의금부 도사는 온양으로 돌아갔다.

1597년 4월 13일

맑았다. 일찍 아침을 먹고 어머니를 맞이하려고 바닷가로 가는 길 입구의 홍 찰방 집에 들렀다. 이야기를 나누는 사이 아들 울이 종 애수를 보냈을 때에는 배가 도착했다는 소식이 없었다. 황천상이 술을 들고 흥백의 집에 왔다고 하였다. 홍 찰방에게 인사하고 나와 흥백의 집으로 갔다. 종 순화가 배에서 와서 어머님이 돌아가셨다는 소식을 전했다. 뛰쳐나와 가슴을 치고 발을 구르니 하늘의 해조차 캄캄하였다. 곧바로 해암으로 달려가자 배가 벌써 와 있었다. 길에서 바라보니 찢어지는 아픈 마음을 이루 다 쓸 수 없었다. 뒤에 대략 기록했다.

1597년 4월 16일

궂은비가 왔다. 배를 중방포 앞에 옮겨 댔다. 영구를 상여에 올려 싣고 본가로 돌아왔다. 동네를 바라보니, 찢어지는 듯한 마음을 어찌 다 말할 수 있으랴. 집에 도착해 빈소를 차렸다. 비가 크게 내렸다. 나는 기력이 다 빠진 데다가 남쪽으로 떠날 길이 또한 급하니 소리 내어 울부짖었다. 다만 빨리 죽기만을 기다릴 뿐이다. 천안 군수가 돌아갔다.

『난중일기』 깊이 보기

이순신 장군은 1597년 2월 한산도에서 체포되어 3월 4일, 서울의 감옥에 수감되었어요. 임금님의 명령을 어기고 적을 놓아주었다는 죄목이었지요. 정확한 이유는 아직도 제대로 밝혀지지 않았어요. 선조 임금님이 이순신 장군을 못마땅하게 여기는 것을 알고 있던 이들이 손을 썼기 때문이라는 의견도 있지요. 이원익을 비롯한 많은 사람들이 이순신의 편을 든 결과 4월 1일에 감옥에서 풀려났어요.

이순신 장군은 관직을 모두 빼앗기고 평민이 되었어요. 평민인 이순신은 도원수 권율 장군 휘하에서 군인 생활을 해야 했어요. 이를 어려운 말로 '백의종군'이라고 해요. 아무런 직위 없이 복무한다는 뜻이지요. 이순신은 4월 3일에 서울을 떠났는데 6월 4일이 되어서야 도원수 권율 장군이 있는 초계에 도착했어요. 무려 두 달여를 길에서 보낸 셈이지요. 이 기간 동안 어머니를 먼저 떠나보내는 아픔을 겪기도 했어요.

아들 회의 일기

원균, 대패하다
(1597년 7월 18일)

아버지는 6월이 되어서야 도원수 권율의 진영에 도착했다. 두 달을 길에서 보냈다. 아버지는 아버지였다. 그 시간마저 헛되이 보내지 않았다. 사람들을 만날 때마다 전쟁 상황을 물었고 아버지만의 전략을 머릿속에 정리했다.

이제 권율 장군을 만난 이야기를 해야 한다. 나는 아버지가 권율 장군과 만나는 자리에 함께 참석했다. 내 입으로 말하기는 좀 그렇지만, 이제는 나 또한 전쟁 경험이 꽤 많은 참모였다. 나는 자세를 바로 갖춘 뒤 오가는 이야기를 놓치지 않고 들었다. 그 자리에서 익숙한 이름이 나왔다. 바로 원균이었다. 권율 장군은 한숨을 크게 쉰 뒤 말했다.

"통제사 원균은 믿을 수 없는 사람이오. 육군과 수군이 합동 작전을 펼쳐야 한다고 떠들면서 육군이 먼저 적을 공격하면 그 뒤에 수군을 움직이겠다고 말한다오. 육군이 차려놓은 밥상에 숟가락만 얹겠다는 뜻이지요."

권율 장군은 또한 원균과 다른 장군들의 사이가 별로 좋지 않다는 소문이 들린다고 말했다. 하마터면 나는 고개를 끄덕일 뻔했다. 제대로 된 장군이라면 원균을 좋아할 리가 없기 때문이다. 이야기가 이어지는 동안 원균의 온갖 악행을 말하고 싶어서 입이 근질근질했다. 아버지를 봐서 꾹 참았다.

권율 장군을 만나고 나온 뒤에 아버지와 이야기를 나누었다. 내가 말했다.

"원균이라는 자는 정말로 문제가 많습니다. 만나는 사람마다 다 원균 욕만 하니 말입니다."

내 말은 사실이었다. 원균을 잘 아는 어느 군관은 화를 잔뜩 내면서 원균이 저지른 나쁜 행동에 대해 무척이나 자세하게 말했다.

"통제사가 가장 많이 하는 일이 뭔지 아십니까? 거의 매일같이 서울로 선물을 보냅니다. 조정 관료들에게 뇌물을 바치는 것이지요. 백성들은 굶주리는데 말입니다. 그뿐만이 아닙니다. 관원의 부인을 강제로 빼앗으려 한 적도 있습니다."

군관의 말은 아버지에게 잘 보이기 위한 것일 수도 있었다. 그렇다면 조선군 최고 지휘관인 체찰사 이원익은 어떤가? 이원익 대

감을 생각하니 나도 모르게 자세를 바로 하게 된다. 이원익 대감은 흰 소복을 입고 아버지를 만났다. 어머니를 잃은 아버지의 마음을 위로하기 위함이었다. 크고 넓은 마음 씀씀이란! 사람들이 괜히 이원익 대감을 높이 평가하는 게 아니었다. 이런 훌륭한 성품을 가진 이원익 대감조차 원균에 대해서는 좋은 말을 하지 않았다.

"나랏일이 참 이상하게 돌아갑니다. 원균은 음흉한 사람이고 다른 이들에 대한 나쁜 말을 서슴지 않고 합니다. 그런데도 임금님께서는 원균을 믿으십니다. 임금님께서 왜 그러시는지 저 또한 이해하지 못하겠습니다."

보통 때 같았으면 아버지는 원균을 흉보는 내 말을 듣고도 아무 말 하지 않았을 것이다. 속으로만 생각하거나 그러지 말라고 했을 것이다. 이번에는 달랐다. 아버지는 권율 장군처럼 깊은 한숨을 쉰 후 말했다.

"나 또한 그렇게 생각한다. 하지만 원균은 삼도 수군통제사다. 이 나라 수군을 책임진 사람이라는 뜻이다. 사람은 통 마음에 들지 않지만, 통제사 일을 잘하기만을 바랄 수밖에 없다. 그 사람을 위해서가 아니라 이 나라를 위해서 말이다."

아버지의 말에 나 또한 고개를 끄덕일 수밖에 없었다. 그렇다. 이제 와서 원균을 욕하는 것은 나라에는 전혀 도움이 되지 않는다. 나는 아버지의 드높은 인품과 나라와 백성을 사랑하는 간절한 마음에 한 번 더 감탄했다.

하지만 원균은 원균이었다. 삼도 수군통제사의 일을 전혀 해내지 못했다. 원균이 몸만 사리고 좀처럼 전투에 나서지 않자 임금님은 좀 난처하게 되었다. 원균을 그렇게 칭찬했는데 말이다. 임금님의 마음을 읽은 조정에서는 원균을 다그쳤다. 육군 탓만 하지 말고 수군의 일을 제대로 하라고 명령을 내렸다. 하루가 멀다 하고 명령이 내려오자 원균도 전투에 나서지 않을 수 없었다. 하지만 중요한 문제가 있었다. 원균은 제대로 싸울 줄 모르는 사람이었다. 전투가 끝난 뒤에 할 일은 누구보다 잘 아는 사람이었지만 말이다.

상황도 무척 좋지 않았다. 아버지의 지휘에 익숙한 다른 장군들은 원균을 믿지 않았다. 게다가 왜인들은 전보다 더 강해져 있었다. 대마도에 머물던 왜인의 수군까지 합류해 배의 숫자만 수백 척이었다. 조선 수군에게도 백여 척의 배가 있기는 했다. 아버지였다면 충분히 이길 수 있었다. 하지만 수군을 지휘할 책임을 맡은 사람은 아버지가 아닌 원균이었다.

7월 14일에 원균은 한산도를 떠나 부산으로 향했다. 부산 절영도 앞바다까지 갔지만, 생각보다 파도가 높았다. 그래서 배를 돌려 칠천량으로 돌아왔다. 원균은 칠천량에서 여유롭게 작전을 세운 뒤 움직이기로 결정했다. 한가한 결정이었다. 다들 빠르게 움직이는데 혼자만 여유를 부렸다.

　다음 날 밤 왜인들이 쳐들어 왔다. 깊은 밤 소리도 없이 쳐들어와서 배에 불을 질렀다. 순식간에 네 척의 배가 불에 탔다. 예상하지 못했던 공격에 조선 수군은 허둥지둥 했다. 원균이 나서서 질서를 잡아야만 했다. 하지만 원균은 자기 목숨 돌보기에 바빴다. 조선 수군의 체계가 무너진 틈을 노려 왜인들이 수많은 배를 몰고 공격해왔다. 아, 글로 쓰기에도 참담하다. 나 또한 전투에 참여해 봤으니 그 광경이 눈에 선하다. 한 번 밀리면 전세를 회복하기 어렵다. 군인들에겐 기세가 중요한 법이다. 지휘관이 괜히 있는 게 아니다. 결과만 쓰겠다. 조선 수군은 대패했다. 조선 수군은 134척의 배를 이끌고 공격에 나섰다. 많은 장군이 다치거나 죽었다. 경상우수사 배설은 간신히 배들을 끌고 도망쳐서 한산도로 돌아왔다. 배설이 끌고온 배는 고작 12척

이었다.

 아버지가 내게 말했다.

 "이 나라가 믿었던 것은 오직 수군뿐이었다. 수군이 사라졌으니 기댈 곳이 없어졌다."

 아버지는 이렇게도 말했다.

 "며칠 전 원균과 함께 밥을 먹는 꿈을 꾸었다. 그 사람이 유난히 즐거워하던 모습이 잊히지 않는다. 아마도 무슨 징조였던 모양이다."

 울음이 터져 나오려는 것을 간신히 참았다. 아버지에게 물었다.

 "통제사는 어떻게 되었습니까?"

 "나도 잘 모르겠다."

 나중에야 배설을 통해 원균이 왜인들의 손에 죽었다는 소식을 들었다. 비참한 죽음이었다. 나는 아주 잠깐 눈을 감고 원균을 추모했다.

이순신의 『난중일기』

1597년 6월 17일

흐리지만 비는 오지 않았다. 차가운 공기가 감돌고 밤 풍경이 쓸쓸하고 고요했다. 새벽에 앉아 있었다. 서럽고 그리운 마음을 어찌 다 말로 할 수 있으랴. 아침을 먹은 뒤 도원수(권율)에게 갔다. 도원수(권율)는 원균의 정직하지 못한 점을 여러 번 이야기하였다. 또 공문을 보여주었는데 원균의 장계에서는 수군과 육군이 함께 나아가 안골의 적을 먼저 물리친 다음에 수군이 부산 쪽으로 갈 수 있으니 안골의 적을 먼저 무찌르면 안 되겠느냐고 말하고 있었다. 권율의 장계에서는 통제사(원균)가 앞으로 나아가려 하지 않기에 안골의 적을 먼저 무찔러야 한다고 말하는 것이라고 했다. 또 수군 여러 장수의 뜻이 다른데 원균은 안으로 들어가 나오지 않고 있으며 장수들과 모여 계획하는 일이 없으니 일을 그르칠 것을 알 수 있다고 하였다. 원수(권율)에게 이희남과 변존서, 윤선각이 함께 할 수 있도록 공문으로 독촉해 달라고 요청했다. 돌아올 때 황 종사관이 잠시 머무르고 있는 곳으로 가 한동안 이야기를 나누었다. 머물고 있는 집으로 돌아와 희남의 종을 의령산성으로 보냈다. 청도 군수는 파발을 보내 초계 군수에게 공문을 보여주었으니 양심이라고는 없는 사람이다.

1597년 7월 18일

맑았다. 새벽에 이덕필과 변홍달이 와서 말했다. "16일 새벽 어둠이 걷히기 전, 수군이 기습을 당했습니다. 통제사 원균, 전라우수사 이억기, 충청수사 최호 및 여러 장군이 피해를 입었으며 수군은 크게 패했습니다." 하였다. 듣고 있으니 울음이 터져 나오는 것을 참을 수 없었다. 도원수(권율)가 와서 말했다. "일이 이미 이 지경에 이르렀으니 어찌할 도리가 없소." 오전 10시 무렵까지 이야기를 나누었으나 의견을 정할 수 없었다. 내가 "해안 지역으로 직접 가서 듣고 본 뒤에 방법을 정하겠습니다."고 말했다. 도원수(권율)가 매우 기뻐하였다. (중략)

『난중일기』 깊이 보기

이순신 장군 대신 삼도 수군통제사가 되어 조선 수군을 지휘한 사람이 바로 원균이었지요. 그런데 원균은 싸움을 꺼렸어요. 싸우라는 지시를 여러 차례 받고서야 칠천량으로 나아가 일본군과 싸웠어요. 결과는 대패였어요. 134척의 배를 끌고 나갔는데 돌아온 배는 12척뿐이었지요. 수많은 수군이 죽거나 다쳤고 원균도 죽었어요. 이순신 장군은 크게 충격을 받았어요. 이순신 장군이 키워온 수군이었으니까요. 나라에서는 어쩔 수 없이 이순신 장군을 다시 삼도 수군통제사로 임명했어요. 이순신 장군은 남은 수군을 모아 전보다 더 강해진 적을 물리쳐야 하는 엄청난 과제를 안게 되었어요.

아들 회의 일기

명량에서 대승하다
(1597년 9월 17일)

아버지는 다시 길을 떠났다. 나라의 사정은 아버지가 한 장소에 조용히 머무르는 것을 허락하지 않았다. 해안 지방의 피해 상황을 살펴보고 앞으로 수군이 해야 할 일을 결정해야 했다. 한낱 군인인 아버지에게 지휘관이 해야 할 중대한 임무를 맡긴 사람은 권율 장군이었다. 권율 장군은 수군의 대패 소식을 전하며 한탄했다.

"원균이 일을 그르쳤소. 앞으로 어떻게 해야 할지 모르겠소."

넌지시 아버지의 도움을 청하는 말이었다. 수군의 정비를 도와달라는 뜻이었다. 수군이 다시 일어설 수 있게 힘이 되어 달라는 뜻이었다. 외면할 아버지가 아니었다. 직위 같은 건 아버지에게는 별 의미가 없었다. 그래서 아버지는 군인의 신분으로 해안 지방 순찰 길에 나선 것이었다. 아버지를 만난 사람은 너 나 할 것 없이 눈물을 쏟았다.

"장군님만 있었다면 이렇게 되지는 않았을 겁니다."

"부디 수군을 다시 맡아주십시오."

그들의 마음은 간절했다. 수군과 백성들에게 아버지는 여전히 장군이었다. 그들은 장군의 직급으로 해야 마땅한 일을 아버지에게 요구하고 있었다. 아버지는 아무 말 하지 않았다. 아버지가 결정할 일은 아니었다.

며칠 후 임금님이 보낸 교서가 도착했다. 아버지는 두 번 절을 하고 교서를 읽었다. 내가 물었다.

"무슨 내용인가요?"

"나를 다시 삼도 수군통제사에 임명하신다는구나."

아버지가 건넨 교서를 읽어보았다.

내가 무슨 할 말이 있겠는가?
상복을 입은 그대를 다시 삼도
수군통제사에 임명한다.

아버지는 전혀 기쁜 얼굴이 아니었다. 생각이 깊지 않은 나도 아버지의 마음을 짐작할 수 있었다. 아버지에게 수군은 자식과도 같았다. 그러한 수군이 칠천량 해전에서의 패배로 있으나 마나 한 상태가 되었다. 남은 배는 12척뿐이었다. 적의 기세는 오를 대로 올라 있었다. 더 나쁜 것은 적이 아버지에 대해서 잘 알고 있다는 사실이었다. 불리한 조건뿐이었다. 아무리 아버지가 뛰어난 장군이라고 해도 이 상태로 왜인들과 싸워 이길 수는 없을 것이다. 나는 아버지가 내게 해준 말을 기억했다. 지금 그 말을 돌려드려야 할 때라고 생각했다. 부러 큰 목소리로 말했다.
"걱정하지 마십시오."

왜인들과의 싸움을 피할 방법은 없었다. 아버지가 돌아왔다는 것을 안 왜인들이 가만히 있을 리 없었다. 조선 수군은 약해질 대로 약해져 있었다. 왜인들이 지금을 아버지를 물리칠 절호의 기회로 생각할 게 분명했다. 예상대로였다. 적들의 움직임이 심상치 않았다. 아버지는 경계를 강화했다. 남은 배들을 수리했다. 수군들을 훈련하며 적을 기다렸다.
며칠 후 적선이 가까이 오고 있다는 보고가 들어왔다. 수군들은 장군과 군인 할 것 없이 공포에 몸을 덜덜 떨었다. 아버지가 없는 사이에 수군의 기세는 무척이나 약해져 있었다. 아버지는 일부러 목소리를 크게 하고 명령을 내렸다.

"다들 정신을 똑바로 차려라."

조금도 떨지 않는 아버지의 목소리에 수군들은 힘을 얻었다. 조선 수군은 가까이 다가오는 적선과 맞서 싸웠다. 조선 수군의 공세가 만만치 않자 적선은 도망쳐버렸다. 수군들이 적의 뒤를 쫓으려 했다. 아버지가 말했다.

"바람과 물살이 거세다. 자칫 우리가 화를 입을 수 있다."

장군 한 명이 물었다.

"그대로 보내기 억울하지 않습니까?"

아버지가 말했다.

"오늘 밤 반드시 돌아올 것이오."

아버지의 말 그대로였다. 밤 10시쯤 되자 왜인들이 몰려왔다. 아버지와 내가 탄 배가 제일 먼저 앞으로 치고 나갔다. 대포를 쏘면서 적을 공격했다. 예상과 다른 거센 공격에 적들은 당황했다. 서너 번쯤 맞서 싸우던 왜인들은 자정이 되어서야 물러갔다. 모든 것이 아버지의 작전대로였다. 작은 승리였다. 수군들의 모습은 완전히 달라졌다. 두려움과 공포로 가득했던 얼굴에 자신감과 기쁨이 서렸다. 이길 수 있다는 믿음이 흘렀다. 나는 그 모습을 보면서 아버지는 역시 대단한 사람이라고 생각했다. 적군보다 전력이 월등한 상황에서는 누구나 쉽게 이길 수 있다. 하지만 부족한 전력으로 승리하는 것은 아버지 같은 사람이 아니면 안 되었다.

　승리를 거두기는 했어도 마음을 놓을 때가 아니었다. 보고에 따르면 왜인들은 이번에는 반드시 조선 수군을 물리치겠다는 결의에 가득 차 있었다. 걸림돌이었던 수군을 물리친 후 서울까지 곧바로 진격하겠다는 것이다. 왜인들이 경상도가 아닌 전라도를 집중 공격하는 이유이기도 했다. 여러 가지 정황으로 보아 며칠 후 큰 전투가 벌어지리라는 것은 분명한 일이었다. 아버지는 장군들을 불러 모았다. 즉석에서 연설을 했다.

　"죽으려 하면 살고, 살려고 하면 죽는다는 말이 있다. 또한 한 사람이 길목을 지키면 천 명도 두렵게 할 수 있다는 말이 있다. 바로 오늘, 우리를 두고 하는 말이다. 우리는 반드시 이길 것이다. 그러니 내 명령에 따라 움직이기 바란다. 어기는 자는 용서하지 않겠다."

　아버지는 전과는 달라졌다. 아버지는 말을 많이 하는 사람이 아니었다. 지금은 달랐다. 아버지는 말을 통해 수군들의 마음을 붙잡아 놓고 있었다. 그렇지 않고서는 이길 수 없다고 판단했기 때문일 것이다. 장군들은 입술을 깨물고 주먹을 쥐었다. 어떤 일이 있더라도 물러서지 않겠다는 결의가 보였다. 아버지는 장군들과 최종 회의를 했다.

　"이곳 명량은 폭이 무척 좁다. 적들의 배가 아무리 많아도 꼬리에 꼬리를 물고 들어올 수밖에 없다. 하루 네 번 밀물과 썰물이 바

꿘다. 우리는 밀물이 썰물로 바뀌는 순간 총공격을 할 것이다. 다들 이 점을 명심하기 바라오."

아버지다운 작전이었다. 이제 장군들의 얼굴에는 웃음마저 돌았다. 한번 해보자는 말들이 오갔다. 물론 쉽지 않을 것이다. 적들도 막강하기에. 하지만 이러한 분위기라면 절대 지지 않을 것이다. 의외의 대승도 기대할 수 있다고 나는 생각했다.

다음 날 아침이 되었다. 아버지가 뜻밖에 내게 먼저 말을 걸었다.

"어젯밤에 꿈을 꾸었다. 신선이 나타나서 이기는 방법을 알려주었다."

나는 아버지만큼 꿈을 열심히 믿지는 않았다. 이번 꿈은 믿기로 했다. 뭐, 믿어서 손해 볼 일은 없지 않은가? 나는 우리가 반드시 이길 징조라고 큰 목소리로 말했다. 아버지가 말없이 웃었다. 내 어깨를 살짝 두드렸다. 그때 보고가 올라왔다.

"적들이 옵니다."

배에 올라 바다를 보았다. 바다가 까맣게 보였다. 왜인들의 배가 바다에 가득했다. 예상보다 많은 수에 나는 깜짝 놀랐다. 장군들도 마찬가지였던 것 같다. 전날 밤의 결의는 사라지고 겁먹은 얼굴들이 되었다. 몇몇 배는 이미 멀찌감치 달아나 있었다. 아, 이럴 수가.

아버지의 표정이 변했다. 아버지는 전진하라는 신호를 보냈다. 아버지가 탄 배가 제일 앞으로 나아갔다. 대포를 쏘면서 적들에게로 다가갔다. 수군들은 아직도 겁에 질린 얼굴이었다. 아버지가 말했다.

"적선이 아무리 많아도 우리 배를 침범할 수 없다. 흔들리지 말고 마음을 다하여 공격하라."

그러나 공격하는 것은 아버지가 탄 배뿐이었다. 모두 눈치만 보면서 한참 뒤에 숨어 있었다. 이러다간 아버지의 배만 공격당할 판이었다. 아버지는 어서 다가오라는 신호를 보냈다. 안위 장군의 배가 가장 먼저 다가왔다. 아버지가 외쳤다.

"군법에 따라 죽고 싶으냐? 도대체 어디로 도망갈 것이냐?"

안위 장군은 정신이 번쩍 들어 서둘러 적진으로 향했다. 김응함 장군이 그 다음으로 왔다. 아버지가 외쳤다.

"대장을 버려두다니 당장이라도 처형하는 것이 옳다. 특별히 한 번 더 기회를 준다. 가서 공을 세워라."

김응함 장군도 서둘러 적진으로 향했다. 적선들이 두 배를 집중적으로 공격했다. 아버지는 물러서지 않고 적들과 싸웠다. 아버지의 기운이 다른 장군과 수군들에게 전해졌다. 다들 있는 힘을 다 했다. 놀라운 기세에 적의 기가 눌렸다. 세 척의 적선이 장난감처럼 뒤집혔다. 와아, 하는 함성이 들렸다. 뒤에 있던 배들이 한꺼번에 몰려온 것이다. 이제 조선 수군은 두려움에서 완전히 벗어났다. 왜인들은 반대였다. 이 기세라면 이길 일만 남았다! 나도 모르게 함성을 질렀다.

우리 수군이 된 왜인이 아버지에게 귀중한 정보를 알려주었다. 붉은 옷을 입고 바다에 빠진 이가 왜인 장군이라고 했다. 아버지는 그 장군을 끌어올렸다. 왜인들이 지켜보는 앞에서 처형했다. 분위기가 완전히 바뀌었다. 우리 수군의 기세는 하늘을 찔렀고 장군을 잃은 왜인들은 방향을 못 잡고 허둥거렸다. 쉴 새 없이 터지는 대포 소리, 하늘을 나는 화살들로 바다는 요란했다. 때맞춰 바뀐 바다의 흐름도 조선 수군을 도왔다. 왜인들의 전선은 종이처럼 찢어졌다. 서른 척 넘는 적선이 순식간에 사라지자 왜인들은 맞서 싸우기를 포기했다. 늘 그랬던 것처럼 꽁지 빠지게 도망갔다. 조선 수군의 완벽한 승리였다. 대략 살펴보니 130여 척의 적선 중 수십 척이 부서졌다. 열 배가 넘는 적을 물리친 것이다!

나는 아버지에게 다가가 승리를 축하했다.

"아버지가 아니었으면 이길 수 없는 싸움이었습니다. 정말 대단합니다."

아버지는 고개를 저었다. 아버지가 하늘을 보며 말했다.

"하늘이 도우신 것이다."

그렇다. 이번에는 나도 고개를 끄덕였다. 아버지의 기운과 하늘의 도우심으로 우리는 대승을 거두었다. 이기기만 해도 다행이라고 생각했는데 말이다. 아버지를 보았다. 온갖 역경을 이겨내고 다시 승리를 거둔 아버지가 오늘처럼 자랑스러웠던 적은 없었다.

아버지, 사랑합니다!

이순신의 『난중일기』

1597년 8월 3일

맑았다. 이른 아침에 뜻밖에 선전관 양호가 왔다. 임금님께서 내린 교서와 유지를 갖고 왔다. 임금님의 유지는 삼도 통제사를 겸하라는 명이었다. 절을 한 뒤 삼가 유지를 받았다는 서장을 써서 올렸다. 그날 바로 길을 떠났다. 두치로 가는 길에 올라 저녁 8시 무렵 행보역에 도착해 말을 쉬게 하였다. 자정이 지나 다시 길에 올랐다. 날이 샐 무렵 두치에 도착했다. 박 남해(남해 현령 박대남)가 길을 잃고 강가의 정자로 잘못 갔기에 말에서 내려 불러왔다. 쌍계동에 도착하자 여기저기 뾰족한 돌들이 있었다. 막 내린 비에 물이 넘쳐흘렀다. 겨우 건넜다. 석주에 도착해 복병을 서는 이원춘과 유해와 만났다. 적을 무찌르는 일에 대해 이야기를 나눴다. 해 질 무렵 구례현에 도착했다. 마을이 쓸쓸하고 고요했다. 성 북문 밖 전날의 주인집에서 묵었는데 주인은 이미 산골로 피난을 떠났다고 하였다. 손인필이 와서 만났다. 곡식을 지고 왔다. 손응남은 때 이른 감을 바쳤다.

1597년 9월 16일

 맑았다. 이른 아침에 망을 보던 군사가 200여 척의 적선이 명량으로 들어와 우리가 진을 친 곳으로 오고 있다고 하였다. 장수들을 모아 재차 약속하고 닻을 올려 바다로 나가자 적선 133척이 우리 배를 둘러쌌다. 홀로 적선 가운데로 들어가 화살과 철환을 비바람처럼 쏟아 부었다. 여러 배들이 보기만 하고 나오지 않았다. 일이 어떻게 될지 예측하기 어려웠다. 배 위의 군사들이 서로를 돌아보며 파랗게 질려 있었다. 나는 "적의 배가 천 척일지라도 우리 배를 바로 공격하지 못한다. 동요하지 말고 힘을 다해 적을 쏘아라."고 타일렀다. 고개를 돌려 배를 보니 이미 한 마장쯤 물러나 있었다. 우수사 김억추가 탄 배는 까마득히 멀리 가 있었다. (중략)
나는 뱃전에 서서 안위를 불러 "네가 명령을 어겨 군법에 죽고 싶으냐!"고 말했다. 또 다시 불러 "안위야, 군법으로 죽고 싶으냐? 물러나 피한다고 살 수 있겠느냐?"라고 했다. 안위가 황급히 적선 속으로 들어갔다. 적장의 배와 다른 배 두 척이 안위의 배에 달라붙었다. 안위의 노 젓는 군사 7~8명이 물에 떨어져 헤엄쳤지만 거의 죽을 지경이었다. 나는 배를 돌려 안위의 배로 갔다. 안위의 배에 있는 적군들을 죽을 힘을 다해 물리쳤다. 내가 탄 배 위의 군관 무리가 화살과 철환을 빗발치듯 어

지럽게 쏘았다. 적선 2척을 남김없이 무찔렀다. 하늘이 도우셨구나. 우리를 둘러쌌던 적선 31척을 깨뜨리자 도망친 적선이 다시는 우리 수군 가까이에 오지 못하였다. 우수영에 정박하고 싶었지만 물이 빠져 배를 댈 수 없었다. 건너편 포로 진을 옮겼다. 당사도로 옮겨 정박해 밤을 보냈다.

『난중일기』 깊이 보기

명량 해전은 우리 역사상 가장 유명한 해전이에요. 이순신 장군은 불과 13척의 배로 열 배가 넘는 적과 싸워 이겼어요. 이순신 장군은 전쟁터인 명량의 지리와 일본군의 습성을 철저하게 연구해서 이길 수 있는 방법을 찾았어요. 다른 전쟁 때와는 달리 부하 장군들을 일부러 강하게 몰아붙이기도 했지요. 이순신 장군의 수많은 명언이 탄생한 장소가 바로 명량이에요. 이순신 장군은 모든 일이 계획대로 되어야 하고, 부하들도 온 힘을 다해야만 이길 수 있다고 생각했을 거예요. 명량 해전에서 승리한 후 이순신 장군은 하늘이 도왔다고 일기에 썼어요. 하지만 하늘의 도움을 이끌어 낸 건 이순신 장군의 힘이었지요. 하늘은 스스로 돕는 자를 돕는 법이니까요.

아들 회의 일기

큰 슬픔이 닥치다
(1597년 10월 20일)

아, 하늘, 하늘은 왜……! 나는 푸르기만 한 하늘을 보면서 이를 갈았다. 하늘은 참 이상했다. 아버지는 하늘에 공로를 돌렸고 나도 아버지의 뜻을 따랐지만, 이제는 하늘이 원망스러웠다. 하늘의 도우심에 고마워할 때가 있었지만, 지금은 아니다. 어떻게 온 힘을 다해 나라를 지키는 아버지에게 나쁜 일이 계속해서 일어날 수 있단 말인가? 내 동생 면이, 내 사랑스러운 동생 면이 죽었다. 그것도 왜인들의 칼에……. 하늘은 왜 이런 엄청난 시련을 쉬지도 않고 계속 내리는가? 도대체 아버지가 무슨 죄를 지었기에…….

명량 해전이 끝난 뒤 아버지는 크게 앓았다. 식은땀을 흘렸고 밤에 잠을 제대로 이루지 못했다. 그동안의 긴장이 풀렸기 때문일 것이라고 짐작했다. 장군들 앞에서는 반드시 이길 것이라고 말했지만 아버지도 사람이었다. 수많은 근심과 걱정이 아버지의 가슴에 가득했을 것이다. 그 근심과 걱정을 나눌 상대도 없었다. 적을 크게 이기고서야 비로소 마음을 놓았을 것이다. 그러니 아픈 게 당연했다. 그동안 휴식도 없이 내내 일에만 몰두했기 때문에 몸에서 신호를 보낸 것이다.

나는 내내 아버지 곁을 지켰다. 그러다가 좋지 않은 소식을 들었다. 아산의 집이 왜인들에게 공격당해 잿더미가 되었다는 소식이었다. 아버지는 나랏일로 자리를 비울 수 없었다. 그래서 내가 가서 살펴보고 오기로 했다. 나는 아버지에게 말했다.

"걱정하지 마세요. 별일 아닐 겁니다."

하지만 그렇지 않았다. 면이 죽었다. 적들과 맞서 싸우다가 죽고 말았다. 수많은 적을 물리치고 또 물리친 우리 가족에게 왜 이런 비극이 생긴 것인지……. 붓을 들 힘도 없었다. 나는 동생을 시켜 아버지에게 편지를 썼다. 딱 한 마디만 쓰도록 했다.

"통곡!"

나는 남은 가족에게 면의 장례를 맡기고 서둘러 아버지에게로 갔다. 남은 가족도 가

족이지만 무엇보다도 아버지가 걱정되었다. 겉보기에는 강해 보이는 아버지였다. 하지만 아버지는 예민하고 섬세한 사람이기도 했다. 한밤중에 일어나 홀로 고민하는 모습을 수십 번은 보았다. 지금도 혼자서 몰래 눈물을 흘리고 있을 것이 분명했다. 아버지는 한 집안의 가장이었다. 하지만 조선 수군을 맡은 사람이기도 했다. 조선 수군의 총책임자 자리에서는 슬픔도 마음껏 표현할 자유가 없었다. 내가 도와주어야 했다. 아버지 곁으로 간 이유였다.

 나를 보자 아버지는 처음에는 아무 말도 하지 않았다. 아버지는 밤이 깊어서야 조금 마음을 열었다. 전날 꾸었다는 꿈 이야기를 했다.

 "말을 타고 달리다가 냇물 가운데로 떨어졌다. 그런데 면이 나를 껴안아 주더구나. 면이 나를 위로하다니 참 이상한 꿈이지?"

 아버지의 꿈, 평소에 면을 아꼈던 마음이 그대로 드러나는 꿈……. 나는 어떤 말도 할 수 없었다. 더 참지 못하고 울먹였다. 아버지도 따라서 울었다. 아버지가 통곡했다.

 "하늘은 어찌 이다지도 모질단 말이냐? 내가 죽고 네가 사는 게 마땅하건만 어찌 네가 죽고 내가 살았단 말이냐? 하늘과 땅이 깜깜하고 해조차도 빛을 잃었구나. 아아, 내 아들, 나를 버리고 너는 어디로 가버렸느냐? 내가 지은 죄 때문에 네가 대신 죽은 것이냐? 아아, 너를 잃은 뒤로 시간이 느리게, 느리게 가는구나. 하룻밤이 한 해 같으니 앞으로 길고 긴 날을 어떻게 견뎌야 하느냐?"

　다음 날 아침 장군들이 찾아왔다. 장군들이 위로의 말을 건넸다. 아버지는 고개만 끄덕일 뿐 한마디도 하지 않았다. 장군들이 물러난 후 아버지는 배에 올랐다. 함께 타려고 했으나 아버지는 고개를 저었다. 아버지는 왜인들의 정세를 살펴보고 오겠다고 했다. 왜인들이 다가올 기미는 없었다. 아마 혼자 있고 싶어서일 것이다. 그날 밤, 아버지의 방에서는 울먹이는 소리가 들렸다.
　다음 날 아버지는 뜻밖의 장소를 찾아갔다. 소금 굽는 사람의 집으로 간 것이다. 아버지는 나더러 밖에서 지키고 있으라고 했다. 소금이라니……. 나는 잠시 후에야 아버지가 이곳을 찾은 이유를 알 수 있었다. 집 안에서 통곡 소리가 들려왔다. 아버지의 방에서는 큰 소리로 울기가 어려웠다. 여러 장군이 가까이에 있었기 때문이었다. 아버지가 약한 모습을 보여서는 안 되었기 때문이다. 아버지는 울기 위해 왔다. 아버지는 한참을 소리 높여 울었다. 오후 늦게 아버지는 밖으로 나왔다. 눈이 퉁퉁 부은 아버지가 내 어깨를 가볍게 치면서 말했다.
　"가자, 이제 다시 우리의 일을 하도록 하자."
　본영으로 돌아온 우리는 함께 활을 쏘았다.
　아버지도, 나도 단 한 발도 놓치지 않았다.

이순신의 『난중일기』

1597년 10월 1일

맑았다. 아들 회를 보내서 집안 여러 사람의 생사도 알아오게 했다. 마음이 몹시 어지러워 편지를 쓸 수 없었다. 병조의 역졸이 공문을 갖고 왔다. 아산의 고향 집이 적에게 노략질당해 잿더미가 되어 남은 것이 없다고 하였다.

1597년 10월 2일

맑았다. 아들 회가 배를 타고 올라갔다. 잘 갔는지 어떤지 알 수 없다. 이 마음을 어찌 다 말할 수 있으랴!

1597년 10월 14일

맑았다. 새벽 2시 무렵에 꿈을 꿨다. 말을 타고 언덕 위를 지나가고 있었다. 말이 발을 헛디뎌 냇물로 떨어졌지만 말이 넘어지지는 않았다. 막내아들 면이 부둥켜 안는 듯하더니 깼다. 꿈이 어떤 징조인지 모르겠다. 늦게 조방장 배흥립과 우후 이의득이 왔다. 배흥립의 종이 와서 적의 형세를 전했다. 황득중이 와서 내수사의 종 강막지가 소를 많이 기르고

있어 왜인들이 12마리를 끌고 갔다고 하였다. 저녁에 어떤 사람이 집에서 보낸 편지를 전하는데, 봉투를 뜯기도 전에 온몸이 먼저 떨리고 정신이 어지러웠다. 거칠게 봉투를 뜯고 아들 열이 쓴 글씨를 보니 '통곡' 두 자가 쓰여 있었다. 면이 적과 싸우다 죽었음을 알고, 간담이 떨어져 목 놓아 통곡하였다. 소리 높여 슬피 울었다. 하늘은 어찌 이토록 모진가. 간담이 타고 찢어진다. 내가 죽고 네가 사는 것이 하늘이 정한 이치가 아니냐. 네가 죽고 내가 살았으니 이치가 어찌 이렇게 어긋날 수 있느냐. 하늘과 땅이 캄캄하고 한낮의 해조차도 빛을 잃었다. 불쌍한 내 어린 아들, 나를 버리고 어디로 갔느냐? 빼어난 기질이 비범하여 하늘이 이 세상에 머물지 못하게 한 것이냐? 내가 지은 죄로 받아야 할 화를 네가 받은 것이냐? 이제 세상에서 누구를 의지할 수 있겠느냐? 너를 따라 죽어 지하에 같이 있고 같이 울고 싶지만 네 형, 네 누이, 네 어미 또한 의지할 곳이 없구나. 견디며 목숨을 이어가겠지만 마음은 죽고 껍질만 남아 목 놓아 서럽게 울 뿐이다. 하룻밤이 1년 같다. 이날, 밤 10시쯤 비가 내렸다.

1597년 10월 16일
맑았다. 우수사와 미조항 첨사를 해남으로 보냈다. 해남 현감도 보냈다. 내일이 막내아들의 죽음을 들은 지 나흘째 되는 날인데도 나는 마

음 놓고 울어 보지 못하였다. 소금 굽는 강막지의 집으로 갔다. 밤 10시에 순천 부사와 우후 이정충, 금갑 만호와 제포 만호 등이 해남에서 돌아왔다. 적의 머리 13급과 투항한 송원봉 등의 머리를 베어 왔다.

『난중일기』 깊이 보기

1597년 10월 14일, 이순신 장군은 막내아들 면이 세상을 떠났다는 소식을 들었어요. 아들의 죽음을 다룬 며칠 간의 일기는 『난중일기』에서 가장 읽기 힘든 부분이에요. 이순신 장군의 일기로는 드물게 눈물과 통곡으로 가득 차 있지요. 부하들이 볼까 봐 소금 굽는 사람의 집으로 몰래 가는 장면 또한 마음이 아프답니다. 아들은 잃었지만 부하들의 사기를 떨어뜨리지 않으려는 장군의 마음이 담겨 있지요.

아들 회의 일기

마지막 전투
(1598년 11월 19일)

가슴이 마구 뛴다. 마음이 급하다. 어쩌면 마지막 전투일 수도 있다는 생각이 들어 서둘러 일기를 쓴다. 빨리 쓰고 배에 타야 한다.

7년을 끌었던 전쟁이 이제 끝나기 직전이다. 사람들은 명나라 수군이 참전했기 때문이라고 했다. 또 어떤 사람들은 전쟁을 시작했던 몹쓸 인간 도요토미 히데요시가 죽었기 때문이라고 했다. 모르는 소리! 나는 그렇게 생각하지 않는다. 전쟁이 끝나게 된 건 조선 수군이 있었기 때문이다! 아버지가 이끄는 조선 수군이 바다를 철통같이 지켰기 때문이다!

아버지의 공로는 명나라 장군 양호도 인정했다. 양호는 명량 해전의 승리를 축하하면서 선물과 편지를 보냈다. 선물은 은 20냥과 붉은 비단 한 필이었다. 편지의 내용은 간곡했다. 아버지의 배에다가 승리를 기념하는 붉은 비단을 직접 걸어주고 싶다고 했다. 멀리 있어서 갈 수 없으니 대신 비단만 보낸다고 써 있었다.

다음 날 양호가 보낸 사람이 공문을 들고 찾아왔다. 공문의 내용은 놀라웠다. 사형을 면해준다는 증명서였다. 아버지는 삼도 수군통제사였지만 임금님을 배반한 죄가 없어진 것이 아니었다. 임금님이 원하면 언제든 아버지의 목숨을 빼앗을 수 있었다. 그런데 이제 사형을 면해준다는 증명서가 도착했다. 그런데 좀 이상하지 않은가? 그런 문서라면 임금님이 보내야 하는데 왜 명나라 장군이 보낸 걸까? 묻고 싶은 게 참 많았다. 하지만 나는 아무것도 묻지 않았다. 아버지는 내 속을 모르는 것처럼 그저 명나라 사람에게 감사 인사만 건넬 뿐이었다.

임금님의 전갈이 온 건 한 달이 더 지나서였다. 도원수의 군관이 편지 한 통과 고기 반찬을 가져왔다. 임금님이 직접 쓴 편지였다. 아버지는 두 번 절한 후 편지를 읽었다.

아직도 고기를 먹지 않아 여러 장군이 걱정한다는 이야기를 들었다. 원칙대로라면 고기를 먹지 않는 것이 옳다. 하지만 그대는 전쟁을 치르는 장군이다. 전쟁에 나가 용감히 싸우려면 고기를 먹어야 한다. 그대는 내 뜻을 깨달아서 고기를 먹도록 하라.

아버지는 그때까지 고기를 먹지 않았다. 면을 추모하기 위해서였다. 임금님의 선물은 고마웠다. 임금님의 말도 다 옳았다. 장군이 힘이 없으면 수군들의 사기도 떨어지니까. 하지만 임금님은 아버지가 거둔 승리에 대해서는 이렇다 저렇다 말을 하지 않았다. 사실은 한마디도 안 했다. 양호 밑에서 일하는 명나라 사람이 떠들던 말이 생각났다. 양호가 아버지의 공로를 높이 평가하자 임금님은 이렇게 대꾸했다고 한다.

"통제사 이순신이 사소한 적을 잡은 것은 마땅히 해야 할 일을 한 것뿐입니다. 큰 공을 세웠다고 말하기도 어렵습니다."

사소한 적? 큰 공이 아니다?

임금님은 왜 이렇게까지 아버지에게 박한 것일까? 나로서는 도무지 이유를 모르겠다. 명량 해전의 승리가 작은 공이라면 큰 공은 도대체 어떤 공인 걸까? 임금님을 만나면 꼭 물어보고 싶다. 백성은 나 몰라라 하고 서둘러 서울을 떠났던 임금님에게. 상황이 더 나빠지면 명나라로 망명하겠다고 말했다던 임금님에게. 아버지가 내 속을 읽었다. 아버지가 말했다.

"인정을 받는 건 중요하지 않다."

"네, 알겠습니다."

"우리는 이 나라와 백성을 위해 싸우고 또 싸울 뿐이다. 알겠느냐?"

"네, 알겠습니다."

적선 500여 척이 다가오고 있다는 보고가 왔다. 일본으로 돌아가려는 배다. 그냥 보내라는 의견도 있었지만, 절대로 그럴 수 없다. 우리나라를 공격한 자들이다. 백성들을 죽이고 다치게 한 자들이다. 한 번도 모자라 두 번이나 우리나라에 쳐들어온 자들이다. 싸울 수 있을 때 끝까지 싸우는 게 옳다.

둥, 둥 북소리가 들린다. 가슴이 빠르게 뛴다. 이제 정말로 싸우러 갈 시간이 되었다. 붓을 놓아야겠다. 아, 한 가지만 더. 며칠 전 명나라 수군 제독 진린이 아버지에게 편지를 보냈다.

"동방의 대장 별이 희미해져 갑니다. 공에게 화가 미칠 수도 있겠군요."

진린은 전쟁이 끝나가는 마당에 왜인들과 계속 싸우는 아버지를 이해하지 못했다. 웬만하면 그냥 보내주라는 것이었다. 말도 안 되는 소리였다. 조선 사람이라면 할 수 없는 말이었다. 심지어 진린은 우리 수군이 빼앗은 왜군의 배와 물자를 빼앗기도 했다. 자기 욕심은 서둘러 채우면서 적을 공격하는 일에는 느릿느릿했다. 내가 물었다.

"진린의 말을 들으실 겁니까?"

아버지는 아무 말도 하지 않았다. 하지만 나는 아버지의 대답을 읽었다. 아버지는 이렇게 말한 것이나 다름이 없다.

"무슨 소리냐? 우리는 끝까지 싸울 것이다."

나는 서둘러 배에 올라탔다. 멀리 적들의 배가 보인다. 수백 척은 되어 보인다. 이제 배의 수에 겁을 먹는 장군은 우리 진영에는 없다. 아버지가 손을 들고 외쳤다.

"싸우러 가자."

장군들이 따라서 함성을 질렀다. 수군들도 함성을 질렀다. 조선 사람들의 목소리가 바다에 가득했다. 물론 그중엔 내 목소리도 있었다. 하늘을 보았다. 맑았다. 적을 물리치기 참 좋은 날이었다. 눈을 감고 기원한다. 좋은 일과 나쁜 일을 고루 선물했던 하늘이여, 오늘은 부디 좋은 일만 일어나게 해 주세요!

이순신의 『난중일기』

1598년 11월 8일
명나라 도독부에 가서 위로 잔치를 베풀었다. 종일 술을 마시고 어두울 때 돌아왔다. 도독(진린)이 만나자고 하여 나아갔더니 "순천의 왜적이 열흘 사이에 철수해 도망갈 것이라는 소식이 육지에서 왔습니다. 급히 군사를 보내 적이 돌아갈 길을 막읍시다."라고 하였다.

1598년 11월 13일
적선 10여 척이 장도에 나타나 도독(진린)과 수군을 이끌고 쫓아갔다. 적들이 물러나 내내 나오지 않았다. 도독과 돌아와 장도에 진을 쳤다.

1598년 11월 15일
이른 아침에 도독을 만나 잠깐 이야기를 나누었다. 적선 두 척이 싸움을 중지하고 화해하는 일로 두 번 세 번 거듭 도독의 진에 드나들었다.

1598년 11월 17일
어제 복병장 발포 만호 소계남과 당진포 만호 조효열 등이 군량을 가득

싣고 남해를 건너는 왜의 중간 배 한 척을 쫓아 한산도 앞바다까지 갔던 일을 보고하였다. 왜적은 한산도에서 기슭을 타고 육지로 올라가 달아났다. 잡은 왜선과 군량은 명나라 군사에게 빼앗겨 빈손으로 돌아왔다.

『난중일기』 깊이 보기

1598년 11월, 일본군은 마침내 조선을 떠났어요. 이순신 장군은 우리 백성들을 괴롭혔던 일본군을 편안히 돌아가게 할 마음이 없었어요. 도망가는 적을 끝까지 추격했던 이유예요. 그런데 명나라 장수 진린의 생각은 달랐어요. 일본군에게 싸움을 걸었다가 부하를 잃은 진린은 도망가는 일본군을 그냥 내버려 두었어요. 이순신 장군은 진린을 설득하고 또 설득했어요. 진린은 결국 이순신 장군의 뜻에 따라 함께 일본군을 공격하기로 했지요. 그 결과 노량 해전이 벌어지게 된 것이에요. 노량 해전에서 200여 척의 적선을 불태우며 큰 승리를 거두었지만, 이순신 장군은 도망가던 적선을 뒤따라가다 적이 쏜 총에 맞아 숨을 거두었어요.

아들 회의 일기

다시 노량에서
(1602년 1월 1일)

    겨울 바다는 푸르고 잔잔했다. 몇 년 전 뜨거웠던 전쟁터의 열기는 조금도 찾아볼 수 없었다. 마지막으로 이 바다에 섰던 날을 똑똑히 기억한다. 나는 아버지와 함께 노량에서 싸웠다. 그리고 아버지를 잃었다. 아버지는 적의 탄환에 가슴을 맞았다. 세상을 떠나기 전에도 아버지의 마음엔 오직 수군뿐이었다. 아버지가 내게 말했다.

    "싸움이 한창이다. 내가 죽었다는 말을 하지 말아라."

    다른 사람도 아닌 내 아버지였다. 눈물이 흐르고 통곡이 나오려 했다. 사촌 동생 이완이 내 손을 잡고 고개를 저었다. 소리를 내지 말라는 뜻이었다. 아버지의 유언을 지키라는 뜻이었다. 우리는 아버지를 선실 안에 숨겼다. 나는 북을 쳤다. 이완은 깃발을

흔들었다.

　어디선가 까르르 웃음소리가 들렸다. 아이들의 해맑은 웃음소리였다. 바닷가에 아이들이 모여서 놀고 있었다. 전쟁의 그늘을 찾아볼 수 없는 모습이었다. 아버지는 저 아이들에게 평화를 선물해주신 것이다. 그렇다. 아버지가 원했던 것은 승리가 아닌 평화였다. 아버지는 평화를 위해 그 모든 고통을 견디신 것이다.
　나 또한 기꺼이 아버지의 길을 갈 것이다. 장군의 길을 말하는 게 아니다. 관리가 되어 사람들을 다스리기보다는 사람들 곁에 머물며 그들을 돕는 삶을 살고 싶다. 그것이 내가 아버지 곁에 머물면서 배운 유일한 교훈이다. 아버지는 사람을 살리는 장군이었다.
　소리 내어 "아버지." 하고 불러본다. 갈매기 우는 소리만 들려온다. 겨울 바다는 참 맑고 푸르고 잔잔하다. 나는 웃는다. 유성룡 재상께서 나에게 해주신 말씀을 생각하며 웃는다.

적군이 감히 우리를 침범하지 못하고 물러나 달아나버리니, 여러 장군이 모두 이순신을 신으로 여겼다.

아 참, 왜 1월 1일에 이곳을 찾았는지를 말하는 게 좋겠다. 십 년 전 오늘, 아버지는 처음 일기를 썼다. 나는 감히 말하고 싶다. 아버지의 삶에서 가장 중요했던 습관의 시작이었다고 말이다.

참고문헌

『난중일기』 원문은 한국고전번역원의 영인표점 한국문집총간, 〈이충무공전서〉, 1990을 기준으로 다듬어 썼습니다.

『임진년 아침이 밝아오다, 난중일기』, 이순신 지음, 송찬섭 엮어옮김, 서해문집, 2004

『개정판 교감완역 난중일기』, 이순신 지음, 노승석 옮김, 여해, 2016

『난중일기』, 이순신 지음, 박종평 옮김, 글항아리, 2018 등을 두루 참고하였습니다.

〈옥포파왜병장〉, 〈견내량파왜병장〉, 〈부산파왜병장〉의 원문은 한국고전번역원, 영인표점 한국문집총간, 1990을 기준으로 다듬어 썼습니다.